BuddhAll

BuddhAll.

All is Buddha.

BuddhAll

佛菩薩
經典系列
04

文殊菩薩

經典

佛菩薩經典系列4

《文殊菩薩經典》

主　編　洪啟嵩
編　輯　全佛編輯部
出　版　全佛文化事業有限公司
訂購專線：(02)2913-2199
傳真專線：(02)2913-3693
發行專線：(02)2219-0898
匯款帳號：3199717004240 合作金庫銀行大坪林分行
戶　名：全佛文化事業有限公司
E-mail:buddhall@ms7.hinet.net
http://www.buddhall.com
門　市　新北市新店區民權路108之3號10樓
門市專線：(02)2219-8189
行銷代理　紅螞蟻圖書有限公司
台北市內湖區舊宗路二段121巷19號（紅螞蟻資訊大樓）
電話：(02)2795-3656　傳真：(02)2795-4100
初　版　一九九五年十二月
初版五刷　二〇一九年八月
定　價　新台幣二六〇元
ISBN 978-957-9462-18-1（平裝）

國家圖書館出版品預行編目資料

文殊菩薩經典 / 洪啟嵩主編. -- 初版. --
新北市：全佛文化, 1995 [民84]
面；　公分. -- (佛菩薩經典系列；4)

ISBN 978-957-9462-18-1(平裝)

1.方等部

221.31　　84012603

Published by BuddhAll Cultural Enterprise Co.,Ltd.

佛菩薩經典的出版因緣

佛菩薩經典的出版，帶給我們許多的法喜與希望。因為透過這些經典的導引，將使我們了悟佛菩薩的偉大聖德，不只能讓我們得到諸佛菩薩的慈光佑護，更能令我們吉祥願滿。最重要的是使吾等能隨學於彼，以他們作為生命的典範，學習他們偉大的生涯，成就佛智圓滿。

佛菩薩經典的集成，是秉持對諸佛菩薩的無上仰敬，祈望將他們的慈悲、智慧、聖德、本生及修證生活，完滿的呈現在真正修行的佛子之前。使皈依於他們的人，能夠擁有一本隨身指導修行的經典匯集，能時時親炙於他們的法身智慧；讓大家就宛如隨時擁有一座諸佛菩薩專屬的教化殿堂，完成「生活即佛經、佛經即生活」的希望。現在，我們將這一個成果，供養給這些偉大的佛菩薩，也將之呈獻給所有熱愛佛典的大眾。

為了讓大家能迅速的掌握經典的義理，此套佛典全部採用新式分段、標點，使讀者能事半功倍的總持佛心妙智；並在珍貴的生命旅程中，迅速掌握到幸福與光明的根源。

我們希望這一套書，能使大家很快地親見諸佛菩薩的真實面貌，將他們成為我們人生中最親切的導師。在歡樂幸福的時候，激勵大家不要放逸，精進修行，在憂鬱煩惱的時候，使大家獲得安寧喜悅；更重要的是幫助我們解脫自在，得到清淨的智慧光明。而我們更應當學習諸佛菩薩的大悲願力，成為無盡的燈明，並依止他們的威神加持，用慈悲與智慧來幫助一切眾生。

學習諸佛菩薩，使我們成為他們的使者；這個心願，是我們一直想推行的運動。或許有人會質疑：自己有什麼樣的資格，來成為佛菩薩的使者，甚至化身呢？但是，大乘佛法的根本，即是要我們發起菩提心，學習諸佛菩薩救度眾生的妙行。因此，菩薩的發心，首先是依止「眾生無邊誓願度，煩惱無盡誓願斷，法門無量誓願學，佛道無上誓願成」等共同的誓願，然後再依個別的因緣，發起不共的大願；這本來就是最根本的行持而已。而且這樣的發心，是任何人都可以也應該發起的，絕沒有條件與境界的限制。

所以，我們學習諸佛菩薩，當然初始時，根本無法如他們擁有廣大的慈悲、智慧。但是，我們可以學習成為他們的使者，成為他們百分之一、千分之一、萬分之一，乃至億萬分之一的化身；這樣還是可以立即發心，開始修習菩薩行的。只有當下立即發心開始修習，才是真正的開始啊！這是不需要任何預備動作的；開始時請立即開始，我們現在就成為無數分之一的佛菩薩，讓我們在這個充滿強而有力的科技文明，卻又十分混亂的世界中，幫助大家，也幫助自己吧！

這次佛菩薩經集編輯成十本，首先選擇與大家因緣深厚的佛菩薩，讓我們歡喜親近、體悟修習。這十本是：

一、阿彌陀佛經典

二、藥師佛．阿閦佛經典

三、普賢菩薩經典

四、文殊菩薩經典
五、觀音菩薩經典
六、地藏菩薩經典
七、彌勒菩薩・常啼菩薩經典
八、維摩詰菩薩經典
九、虛空藏菩薩經典
十、無盡意菩薩・無所有菩薩經典

我們希望透過這些經典的導引，能讓我們體悟諸佛菩薩的智慧悲心，也讓我們向彼等學習，使我們成為與阿彌陀佛、藥師佛、阿閦佛、觀音菩薩、文殊菩薩、普賢菩薩、地藏菩薩等同見同行的人。隨著自己的本願發心，抉擇一位佛菩薩學習，然後不斷增長，到最後迅速與諸佛菩薩完全相應，成為他們圓滿的化身，同一無二，成就佛智菩提，並使所有的衆生圓滿成佛。

凡例

一、關於本系列經典的選取，以能彰顯該佛或菩薩之教化精神為主，以及包含各同經異譯本，期使讀者能迅速了解諸佛菩薩之教法。

二、本系列經典選取之經文，以卷為單位；若是選取的經文為某卷中的一部分時，本系列經典仍保留卷題與譯者名，而其省略的部分，不再作說明及校勘。

三、本系列經典係以日本《大正新修大藏經》（以下簡稱《大正藏》）為底本，而以宋版《磧砂大藏經》（新文豐出版社所出版的影印本，以下簡稱《磧砂藏》）為校勘本，並輔以明版《嘉興正續大藏經》與《大正藏》本身所作之校勘，作為本系列經典之校勘依據。

四、《大正藏》有字誤或文意不順者，本系列經典校勘後，以下列符號表示之：

㈠改正單字者，在改正字的右上方，以「*」符號表示之。如《藥師琉璃光七佛本願功德經》卷上的經名：

藥師琉「瑠」光七佛本願功德經卷上《大正藏》

藥師琉「璃」光七佛本願功德經卷上《磧砂藏》

校勘改作為：

藥師琉*璃光七佛本願功德經卷上

㈡改正二字以上者，在改正之最初字的右上方，以「*」符號表示之，並在改正之最末字的右下方，以「☆」符號表示之。

如《阿閦佛國經》卷上〈阿閦佛剎善快品〉之中：

其地行足蹈其上即「滅這」，舉足便還復如故《大正藏》

其地行足蹈其上即「陷適」，舉足便還復如故《磧砂藏》

校勘改作為：

其地行足蹈其上即*陷適☆，舉足便還復如故

五、《大正藏》中有增衍者，本系列經典校勘刪除後，以「①」符號表示之，其

中圓圈內之數目，代表刪除之字數。
如《大寶積經》卷二十〈往生因緣品〉之中：
於「彼彼佛剎」隨樂受生《大正藏》
於「彼佛剎」隨樂受生《磧砂藏》
校勘改作為：
於彼①佛剎隨樂受生
六、《大正藏》中有脫落者，本系列經典校勘後，以下列符號表示之：
㈠脫落補入單字者，在補入字的右上方，以「◉」符號表示之。
如《佛說無量清淨平等覺經》卷二之中：
如帝王雖於人中「好無比」，當令在遮迦越王邊住者《大正藏》
如帝王雖於人中「獲好無比」，當令在遮迦越王邊住者《磧砂藏》
校勘改作為：
如帝王雖於人中◉獲好無比，當令在遮迦越王邊住者

㈡脫落補入二字以上者，在補入之最初字的右上方，以「⊙」符號表示之；並在補入之最末字的右下方，以「☆」符號表示之。

如《佛說無量壽經》卷上之中：

乃至三千大千世界「衆生緣覺」，於百千劫悉共計挍《大正藏》

乃至三千大千世界「衆生悉成緣覺」，於百千劫悉共計挍《磧砂藏》

校勘改作為：

乃至三千大千世界衆生⊙悉成☆緣覺，於百千劫悉共計挍

㈢有脫落字而無校勘者，以「□」符號表示之。

如《藥師如來念誦儀軌》之中：

令　又令須蓮臺《大正藏》

《磧砂藏》無此經，而《大正藏》之校勘中，除原藏本外，並無他本藏經之校勘；故為標示清楚，特作為：

令□又令須蓮臺，

七、本系列經典依校勘之原則，而無法以前面之各種校勘符號表示清楚者，則以「㊟」表示之，並在經文之後作說明。

八、《大正藏》中，凡不影響經義之正俗字（如：恆、恒）、通用字（如：蓮「華」、蓮「花」）、譯音字（如：目「犍」連、目「乾」連）等彼此不一者，本系列經典均不作改動或校勘。

九、《大正藏》中，凡現代不慣用的古字，本系列經典則以教育部所頒行的常用字取代之（如：讃→讚），而不再詳以對照表說明。

十、凡《大正藏》經文內本有的小字夾註者，本系列經典均以小字雙行表示之。

十一、凡《大正藏》經文內之咒語，其斷句以空格來表示。若原文上有斷句序號而未空格時，則本系列經典均於序號之下，加空一格；但若作校勘而有增補空格或刪除原文之空格時，則仍以「◎」、「①」符號校勘之。又原文若無序號亦未斷句者，則維持原樣。

十二、本系列經典之經文，採用中明字體，而其中之偈頌、咒語及願文等，皆採用正楷字體。另若有序文或作註釋說明時，則採用仿宋字體。

十三、本系列經典所作之標點、分段及校勘等，以儘量順於經義為原則，來方便讀者之閱讀。

文殊菩薩經典序

文殊師利菩薩（梵名Mañjuśrī），又寫做文殊尸利、曼殊室利、滿祖室哩。簡稱文殊，或是濡首、溥首、軟首。譯作妙吉祥、妙德。又名文殊師利法王子，或稱文殊師利童真、文殊師子童子菩薩、孺童文殊菩薩。為佛滅後在印度出世，以宣揚般若大乘教義為主的菩薩。故《大智度論》中有佛滅度後，文殊與彌勒等諸大菩薩一同請阿難結集摩訶衍的記載。

又文殊是「妙」義，師利是「頭」、「德」、「吉祥」之義，故《大乘本生心地觀經》卷八云：「三世覺母妙吉祥。」妙吉祥菩薩者，在《大日經疏》一云：「妙謂佛無上慧，猶如醍醐純淨第一。室利翻為吉祥，即是具眾德義。或云妙德，亦云妙音也，即以大慈悲力故，演妙法音令一切聞故。」又妙德者，嘉祥吉藏在《法華義疏》二曰：「文殊此云妙德，以了了見佛性故，德無不圓，累無不盡，稱妙德也。」又《思益經》曰：「雖說諸法，而不起法相，不起非法相，故名妙德。」能於諸法實相，通達無礙，說法善巧，直顯究竟法性海，故以般若表詮其特德，號稱大智文殊師利菩薩。

文殊菩薩常與普賢菩薩同侍釋迦牟尼佛，是釋迦牟尼佛所有菩薩弟子中的上首，所以稱為文殊師利法王子。同時三者又稱為「華嚴三聖」。

文殊菩薩雖然為了輔助釋尊的教化，一時示現為等覺菩薩，但實際上他在過去、現在、未來三世當中，都已成佛。在過去世中，文殊菩薩稱為「龍種上佛」，又名「大身佛」或「神仙佛」，現在則為「歡喜藏摩尼寶積佛」，未來則稱為「普現佛」。可見文殊菩薩深達實相，常住常寂光，現證大法身。法身光明寂然無相，大悲等流，依首楞嚴三昧力，遍現十方，度救眾生，故有三世佛之稱。

文殊菩薩的教化手段高超且不可思議，在《大寶積經》中記述，因為有些菩薩得宿命智後，知道多劫以來所做重罪，心生憂悔，不能證得無生法忍。文殊菩薩為了讓這些菩薩能了知宿罪如幻，而能證得無生法忍，於是在大眾中「偏袒右肩，手執利劍，直向世尊，欲行逆害。」佛陀則示以諸法幻化之理，使這些菩薩知道宿罪皆如幻化，而得無生法忍。

所以這些菩薩，異口同聲的稱讚文殊曰：「文殊大智人，深達法源底，手自握利劍，馳逼如來身。如劍佛亦爾，一相無有二，無相無所生，是中云何殺？」這即是有名的「文殊仗劍迫佛」的故事。文殊菩薩能使用突兀、反詰、否定的方便，使眾生悟人諸法的實性，實在是最偉大的教育家。

雖然文殊菩薩代表大智，但是其深廣的悲願，也是難以企及的。在《大寶積經》〈文殊師利授記會〉中，他不只發願要廣度一切眾生，而且是要用天眼觀察十方世界，如果其所見的諸佛之中，有一位從初發心以至成佛，不是他所勸發、教化的，就不成佛，可見其悲願的廣大。故《心地觀經》說：「三世覺母妙吉祥。」誠不虛言。

文殊菩薩是諸佛之母，大恩教主釋迦牟尼佛也深受其法恩。在《文殊師利普超三昧經》及《放鉢經》有記載說：「今我得佛，皆是文殊師利之恩也。過去無央數諸佛，皆是文殊師利弟子，當來者亦是其威神力所致，譬如世間小兒有父母，文殊者，佛道中父母也。」

文殊菩薩仗劍騎獅，代表著其法門的銳利。以右手執大利劍斷一切眾生的煩惱，以無畏的師子吼震醒沈迷的眾生，這正是我們這個時代所需要的大智導師！

為了彰顯文殊菩薩寓悲於智的偉大功德，也希望深切仰信大智文殊菩薩的佛弟子眾，能夠隨學於他，理解、總持文殊菩薩的教法；所以，我們特別將文殊菩薩的相關重要經典，編輯成一冊，期使所有的修行人，能隨時攜帶這一本經集，做為隨身的修證聖典。讓我們在任何時地都能憶念文殊菩薩的大智，使我們在困頓時有所依止，煩惱時能飲下清涼的般若法語，平順時智慧明利、精進不懈，修持時有文殊菩薩的悲智光明作導引。使三世佛母妙吉祥的大智法身，常住我們的心中，並隨時隨地加持我們具足悲心、智慧，並圓滿一切大願。

南無文殊菩薩摩訶薩

目錄

大寶積經

文殊師利普門會
文殊師利授記會
文殊說般若會

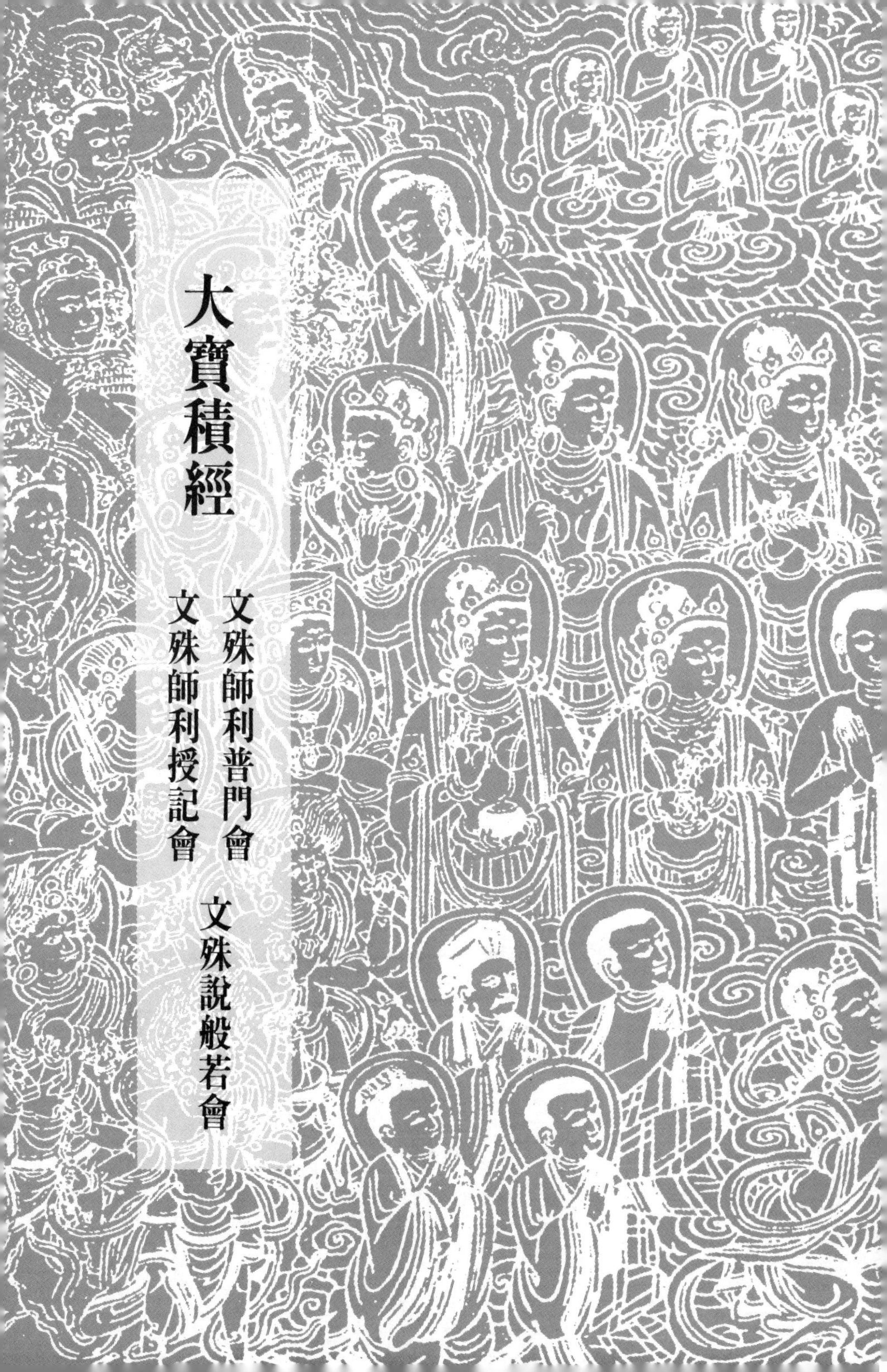

大寶積經卷第二十九

大唐三藏菩提流志奉　詔譯

文殊師利普門會第十

如是我聞：一時，佛在王舍城耆闍崛山中與大比丘衆八百人俱，菩薩摩訶薩四萬二千。時，有菩薩名無垢藏，與九萬二千諸菩薩衆，恭敬圍遶從空而來。爾時，世尊即告大衆：「彼諸菩薩，為遍清淨行世界普花如來，勸發來此娑婆世界，令於我所聽受普入不思議法門，其諸菩薩亦當集會。」說是語已，無量無邊他方此界諸菩薩衆，悉來集會耆闍崛山，頂禮佛足，却住一面。

爾時，無垢藏菩薩手持七寶千葉蓮花，至如來所頭面禮足，白佛言：「世尊！遍清淨行世界普花如來，以是寶花奉上世尊，致問無量：少病、少惱，起居輕利安樂行不？」作是語已，即昇虛空結加趺坐。

爾時，文殊師利菩薩摩訶薩於大眾中即從座起，偏袒右肩，右膝著地，合掌恭敬而白佛言：「我念過去久遠世時，曾於普燈佛所，聞說普入不思議法門。我於爾時，即便獲得八千四百億那由他三昧，又能了知七十七萬億那由他三昧。善哉！世尊！願垂哀愍，為諸菩薩說此法門。」

爾時，佛告文殊師利：「汝今諦聽！善思念之！當為汝說。」

文殊師利言：「唯然！世尊！願樂欲聞。」

佛言：「若諸菩薩欲學此法，應當修習諸三昧門，所謂：色相三昧、聲相三昧、香相三昧、味相三昧、觸相三昧、意界三昧、女相三昧、男相三昧、童男相三昧、童女相三昧、天相三昧、龍相三昧、夜叉相三昧、乾闥婆相三昧、阿修羅相三昧、迦樓羅相三昧、緊那羅相三昧、摩睺羅伽相三昧、地獄相三昧、畜生相三昧、閻魔羅界三昧、貪相三昧、瞋相三昧、癡相三昧、不善法三昧、善法三昧、有為三昧、無為三昧。文殊師利！若諸菩薩於如是等一切三昧善通達者，是則已為修學此法。文殊師利！云何名為色相三昧？」

即說頌曰：

觀色如聚沫，　中無有堅實，　不可執持故，　是名色三昧。

「復次，文殊師利！云何名為聲相三昧？」

即說頌曰：

觀聲如谷響，　其性不可得；　諸法亦如是，　無相無差別，
了知皆寂靜，　是名聲三昧。

「復次，文殊師利！云何名為香相三昧？」

即說頌曰：

假令百千劫，　常嗅種種香，　如海納眾流，　而無有厭足。
其香若是實，　則應可滿足，　但有假名字，　其實不可取。

以不可取故，　鼻亦無所有，　了知性空寂，　是名香三昧。
「復次，文殊師利！云何名為味相三昧？」
即說頌曰：
舌根之所受，　鹹醋等諸*味，　皆從眾緣生，　其性無所有。
若能如是知，　因緣和合起，　了此不思議，　是名味三昧。
「復次，文殊師利！云何名為觸相三昧？」
即說頌曰：
觸但有名字，　其性不可得，　細滑等諸法，　皆是從緣生。
若能知觸性，　因緣和合起，　畢竟無所有，　是名觸三昧。
「復次，文殊師利！云何名為意界三昧？」
即說頌曰：
設集三千界，　無量諸眾生，　一心共思求，　意界不可得。
不在於內外，　亦不可聚集，　但以於假名，　說有種種相。

猶如於幻化，　無住無處所，　了知彼性空，　是名意三昧。

「復次，文殊師利！云何名為女相三昧？」

即說頌曰：

四大假為女，　其中無所有，　凡夫迷惑心，　執取以為實。
女人如幻化，　愚者不能了，　妄見女相故，　生於染著心。
譬如幻化女，　而非實女人，　無智者迷惑，　便生於欲想。
如是了知已，　一切女無相，　此相皆寂靜，　是名女三昧。

「復次，文殊師利！云何名為男相三昧？」

即說頌曰：

自謂是男子，　見彼為女人，　由斯分別心，　而生於欲想。
欲心本無有，　心相不可得，　由妄分別故，　於身起男想。
是中實無男，　我說如陽焰，　知男相寂靜，　是名男三昧。

「復次，文殊師利！云何名為童男相三昧？」

即說頌曰：

如樹無根枝，　花則不可得，　以花無有故，　其果亦不生。
由無彼女人，　童男亦非有，　隨於分別者，　假說如是名。
了知彼女人，　及童男非有，　能如是觀察，　是童男三昧。

「復次，文殊師利！云何名為童女相三昧？」

即說頌曰：

如斷多羅樹，　畢竟不復生，　何有智慧人，　於中求果實？
若有能了知，　諸法無生者，　不應起分別，　童女為能生。
又如焦穀種，　其*芽本不生，　女人亦復然，　是童女三昧。

「復次，文殊師利！云何名為天相三昧？」

即說頌曰：

因清淨信心，　及以衆善業，　受諸天勝報，　端正殊妙身。
珍寶諸宮殿，　非由造作成，　曼陀羅妙花，　亦無種植者。

如是不思議，　皆因業力起，　能現種種相，　猶若淨琉璃。
如是殊妙身，　及諸宮殿等，　皆從虛妄生，　是名天三昧。

「復次，文殊師利！云何名為龍相三昧？」

即說頌曰：

受此諸龍身，　由不修於忍，　興澍大雲雨，　遍滿閻浮提。
不從前後際，　亦不在中間，　而能生此水，　復歸於大海。
如是諸龍等，　積習性差別，　起於種種業，　業亦無有生。
一切非真實，　愚者謂為有，　能如是了知，　是名龍三昧。

「復次，文殊師利！云何名為夜叉相三昧？」

即說頌曰：

是大夜叉身，　從於自心起，　是中無有實，　妄生於恐怖。
亦無有怖心，　而生於怖畏，　觀法非實故，　無相無所得。
空無寂靜處，　現此夜叉相，　如是知虛妄，　是夜叉三昧。

「復次，文殊師利！云何名為乾闥婆相三昧？」

即說頌曰：

彼實無所趣，　名言假施設，　了知趣非趣，　乾闥婆三昧。

「復次，文殊師利！云何名為阿修羅相三昧？」

即說頌曰：

修羅相所印，　其相本無生，　無生故無滅，　阿修羅三昧。

「復次，文殊師利！云何名為迦樓羅相三昧？」

即說頌曰：

無身以為身，　名字假施設，　名相無所有，　迦樓羅三昧。

「復次，文殊師利！云何名為緊那羅相三昧？」

即說頌曰：

法無作而作，　說為緊那羅，　了知此不生，　緊那羅三昧。

「復次，文殊師利！云何名為摩睺羅伽相三昧？」

即說頌曰：

彼由於名字，隨世而安立，是中無有法，而妄起分別。
了知此分別，自性無所有，彼相寂靜故，摩睺羅三昧。

「復次，文殊師利！云何名為地獄相三昧？」

即說頌曰：

地獄空無相，其性極清淨，是中無作者，從自分別生。
我坐道場時，了此無生相，無相無生故，其性如虛空；
此相皆寂靜，是地獄三昧。

「復次，文殊師利！云何名為畜生相三昧？」

即說頌曰：

如雲現眾色，是中無有實，能令無智人，於此生迷惑。
於彼畜生趣，而受種種身，猶如虛空雲，現於諸色像。
了知業如幻，不生迷惑心，彼相本寂靜，是畜生三昧。

「復次，文殊師利！云何名為閻魔羅界三昧？」

即說頌曰：

造作純黑業，　及以雜業者，　流轉閻羅界，　受於種種苦。
實無閻羅界，　亦無流轉者，　自性本無生，　諸苦猶如夢。
若能如是觀，　閻羅界三昧。

「復次，文殊師利！云何名為貪相三昧？」

即說頌曰：

貪從分別生，　分別亦非有，　無生亦無相，　住處不可得。
貪性如虛空，　亦無有建立，　凡夫妄分別，　由斯貪染生。
法性本無染，　清淨如虛空，　十方遍推求，　其性不可得。
不了性空故，　見貪生怖畏，　無畏生畏想，　於何得安樂？
譬如愚癡人，　怖畏於虛空，　驚懼而馳走，　避空不欲見。
虛空遍一切，　於何而得離？　愚夫迷惑故，　顛倒分別生。

貪本無自性，妄生厭離心，如人欲避空，終無能脫者。
諸法性自離，猶如於涅槃，三世一切佛，了知貪性空。
住此境界中，未曾有捨離，於貪怖畏者，思惟求解脫。
如是貪自性，究竟常清淨，我證菩提時，了達皆平等。
若執貪為有，於彼當捨離，由妄分別故，而言捨離貪。
此唯分別心，實無有捨離，其性不可得，亦無有滅壞。
平等實際中，無解脫分別，若於貪解脫，於空亦解脫。
虛空及與貪，無盡無差別，若見差別者，我說令捨離。
貪實無有生，妄起生分別，彼貪本性空，但有假名字。
不應以此名，而生於執著，了貪無染故，是則畢竟空。
不由滅壞貪，而得於解脫，貪法與佛法，平等即涅槃。
智者應當知，了貪寂靜已，入於寂靜界，是名貪三昧。

「復次，文殊師利！云何名為瞋相三昧？」

即說頌曰：

以虛妄因緣，　而起於瞋恚，　無我執為我，　及由麁惡聲。
起猛利瞋心，　猶如於惡毒，　音聲及瞋恚，　究竟無所有。
如鑽木出火，　要假衆緣力，　若緣不和合，　火終不得生。
是不悅意聲，　畢竟無所有，　知聲性空故，　瞋亦不復生。
瞋不在於聲，　亦不身中住，　因緣和合起，　離緣終不生。
如因乳等緣，　和合生酥酪，　瞋自性無起，　因於麁惡聲。
愚者不能了，　熱惱自燒然，　應當如是知，　究竟無所有。
瞋性本寂靜，　但有於假名，　瞋恚即實際，　以依真如起；
了知如法界，　是名瞋三昧。

「復次，文殊師利！云何名為癡相三昧？」

即說頌曰：

無明體性空，　本自無生起，　是中無少法，　而可說為癡。

凡夫於無癡，而妄生癡想，於無著生著，猶若結虛空。
奇哉愚癡人，不應作而作，諸法皆非有，雜染分別生。
如欲取虛空，安置於一處，設經千萬劫，終無有積聚。
愚夫從本來，經不思議劫，所起於癡結，而無少分增。
如彼取虛空，終無有增減，多劫集於癡，增減亦如是。
又如於橐籥，受風無際限，愚癡著欲樂，無有厭足時。
是癡無所有，無根無住處，以根非有故，亦無癡可盡。
以癡無盡故，邊際不可得，是故諸眾生，我不能令盡。
設我一日中，能度三千界，所有諸眾生，皆令入涅槃。
復經不思議，無量千萬劫，日日如是化，眾生界不盡。
癡界眾生界，是二俱無相，彼皆如幻化，故不能令盡。
癡性與佛性，平等無差別，若分別於佛，彼則住愚癡。
癡及一切智，性皆不可得，然彼諸眾生，皆與癡平等。

眾生不思議，　癡亦不思議，　以不思議故，　不應*起分別。
如是思惟心，　思量不可得，　癡亦不可量，　以無邊際故。
既無有邊際，　從何而得生？　自性無生故，　相亦不可得。
了癡無有相，　觀佛亦復然，　應當如是知，　一切法無二。
癡性本寂靜，　但有於假名，　我證菩提時，　亦了癡平等；
能作如是觀，　是名癡三昧。

「復次，文殊師利！云何名為不善三昧？」

即說頌曰：

知彼貪瞋癡，　種種諸煩惱，　所有諸行相，　虛妄無真實；
能如是觀察，　是不善三昧。

「復次，文殊師利！云何名為善法三昧？」

即說頌曰：

汝等應當知，　諸善意樂者，　心行各差別，　皆同於一行。

以一出離相，　了知於一切，　皆悉寂靜故，　是名善三昧。

「復次，文殊師利！云何名有為三昧？」

即說頌曰：

汝等應當知，　一切有為法，　非是所造作，　亦無可稱量。

我了知諸行，　性無有積集，　一切皆寂靜，　名有為三昧。

「復次，文殊師利！云何名無為三昧？」

即說頌曰：

無為性寂靜，　於中無所著，　亦復無出離，　但有假名字。

為執著衆生，　而說彼名字，　能如是了知，　名無為三昧。

爾時，世尊說如是等不可思議微妙偈時，九萬二千菩薩得無生法忍，三萬六千比丘而於諸漏心得解脫，七十二萬億那由他諸天及六千比丘尼、一百八十萬優婆塞、二千二百優婆夷等，皆發阿耨多羅三藐三菩提心。

爾時，文殊師利菩薩復白佛言：「唯願世尊為諸菩薩演說種種三昧名字，令，令其聞者諸根通利，而於諸法得智慧明，不為一切邪見衆生之所摧伏，亦令證得四無礙辯，於一文字而能了知種種文字，於諸文字了一文字；復以無邊辯才，為諸衆生善說法要，亦令證得甚深法忍，於一剎那了一切行，是一切行各各復有無邊行相，皆能了知。」

佛言：「文殊師利！有三昧名無邊離垢，若菩薩得此三昧，能現一切諸清淨色。復有三昧名可畏面，得此三昧，有大威光映蔽日月。復有三昧名出焰光，得此三昧，能蔽一切釋、梵威光。復有三昧名為出離，得此三昧，令諸衆生出離一切貪、恚、愚癡。復有三昧名無礙光，得此三昧，則能照曜一切佛剎。復有三昧名無忘失，得此三昧，能持諸佛所說教法，亦能為他敷演斯義。復有三昧名曰雷音，得此三昧，善能顯示一切言音上至梵世。復有三昧名為喜樂，得此三昧，令諸衆生喜樂滿足。復有三昧名喜無厭，得此三昧，其見聞者無有厭足。復有三昧名專一境難思功德，得此三昧，而能示現一切神變。復有三昧名解一切衆生語言，得此三昧，善能宣說一切語言，於一字中說一切字，了一切字同於一字。復有三昧名超一切陀羅尼王，得此三昧，能善了知諸陀羅尼。復有三昧名為一切辯才莊嚴，得此三昧，善能分別一切文字種種言音。復有三昧，名為積集一切善法，得此三昧，能令衆生悉聞佛聲、法聲、僧聲、聲聞聲、緣覺聲、菩薩聲、波羅蜜聲，如是菩薩住三昧時，令諸衆生聞聲不絕。」

爾時，文殊師利白佛言：「唯願世尊加威護念，令我獲得無礙辯才，說此法門殊勝功德。」

佛言：「善哉！隨汝所願。」

文殊師利復白佛言：「若有菩薩於此法門，受持讀誦無疑惑者，當知是人於現身中，決定獲得四種辯才，所謂：捷疾辯才、廣大辯才、甚深辯才、無盡辯才。於諸衆生心常護念，隨所修行欲毀壞者，皆能覺悟，令無毀壞。」

爾時，世尊讚文殊師利菩薩言：「善哉！善哉！汝於斯義能善分別，如布施者獲大財富，持禁戒者決定生天；若能受持此經典者，現得辯才必無虛妄，如日光出能除諸瞑，亦如菩薩坐菩提座，成等正覺決定無疑。受持讀誦是經典者，現得辯才亦復如是。文殊師利！若復有人，於現身中欲求辯才，當於此經心生信樂，受持讀誦，廣為人說，勿生疑惑。」

爾時，無垢藏菩薩白佛言：「世尊！若諸菩薩佛涅槃後，於此法門心無疑惑，受持讀誦，為他廣說，我當攝受加其辯才。」

爾時，天魔波旬愁憂苦惱，悲涕流淚，來詣佛所，而白佛言：「如來昔證無上菩提，我於爾時已懷憂惱；復於今者說此法門，倍生大苦如中毒箭，若諸眾生聞是經典，決定當於阿耨多羅三藐三菩提無有退轉入般涅槃，令我境界皆悉空虛。如來、應、正等覺能令一切諸苦眾生咸得安樂，願垂哀愍*興大慈悲，不於此經加威護念，令我安隱，憂苦皆除。」

爾時，世尊告波旬言：「勿懷憂惱！我於此法不作加護，諸眾生等亦不涅槃。」天魔波旬聞是語已，歡喜踊躍，憂惱悉除，即於佛前忽然不現。

爾時，文殊師利菩薩前白佛言：「如來今者有何密意，告波旬言：『我於此法不作加護？』」

佛言：「文殊師利！以無加護加護此法，是故為彼說如是言。以一切法平等實際，皆歸真如同於法界，離諸言說不二相故，無有加護。以我如是誠實之言，無有虛妄，能令此經於閻浮提廣行流布。」

爾時，世尊說是語已，告阿難言：「此經名為普入不思議法門。若能受持如是經典，則為受持八萬四千法門等無差別。何以故？我於此經善通達已，方能為彼諸眾生等，演說八萬四千法門。是故，阿難！汝於此法當善護持，讀誦流通無令忘失。」

佛說是經已，文殊師利菩薩、無垢藏菩薩、尊者阿難及諸世間天人、阿修羅、乾闥婆等，聞佛所說，皆大歡喜，信受奉行。

大寶積經卷第二十九

大寶積經卷第五十八

大唐于闐三藏實叉難陀譯

文殊師利授記會第十五之一

如是我聞：一時，佛在王舍城耆闍崛山與大比丘衆一千人俱，菩薩八萬四千，文殊師利菩薩、觀世音菩薩、得大勢菩薩而為上首。復與七十二億諸天衆俱，悉皆趣向菩薩之道。復與四天大王、釋提桓因、梵天王等及其眷屬，各有五萬二千衆俱，亦皆趣於菩薩之道。有四阿修羅王，各與眷屬無量衆俱。復與七萬二千大龍王俱，其名曰：難陀龍王、優波難陀龍王、婆留那龍王、娑竭羅龍王、持大地龍王、無熱惱龍王、高勝龍王、伏魔龍王、最勝龍王、月上龍王，如是等而為上首。復與無量夜叉王俱，其名曰：金毘羅夜叉王、阿吒薄拘夜叉王、蘇支路摩夜叉王、妙意夜叉王、妙慧夜叉王、妙相夜叉王、普色夜叉王、不動夜叉王、有力夜叉王、大力夜叉王，如是等而為上首。時，王舍城國王、大臣及諸四衆，天、龍、夜叉、人非人等，各以衣服、飲食、臥具、醫藥種種資具，於如來所恭敬尊重而為供養。

爾時，世尊於晨朝時著衣持鉢，與諸比丘及於天人百千之衆前後圍遶，向王舍城阿闍世宮。佛威神力，放百千種妙色光明，百千音樂同時俱奏，雨衆妙花，優鉢羅花、鉢曇摩花、拘勿頭花、芬陀利花繽紛而下。是時，如來以神通力，隨所行處涌出寶蓮，大如車輪，白銀為莖，真金為葉，毘琉璃寶以為其鬚；於花臺中，有化菩薩，結加趺坐。是諸菩薩與寶蓮具遶王舍城，右旋七匝而說頌曰：

釋種應供大商主，利樂含識令安隱，具大威德寂靜心，為世依怙當入城。
若欲遠離老死苦，或樂遊戲於天宮，或有欲破諸魔軍，應近妙辯人中主。
難得聞名今出現，經百千劫修衆行，以大悲心遊世間，如是之尊當入城。

曾行無量無邊捨，男女妻室及王位，頭目耳鼻并手足，衣服飲食亦復然。
已修無量施功德，證於無上一切智，以施調心固其行，戒淨無缺大丈夫，
成就無量忍功德，心恒恬怕當入城。俱胝劫行勝精進，念衆生苦忘疲倦，
具足無量無比禪，彼梵音者當入城。智慧無量無倫匹，猶若虛空無邊際，
最勝人尊戒亦然，備修衆行智清淨。摧壞魔軍能濟拔，得住無憂不動位，
無等法王轉法輪，彼釋師子當入城。若欲成佛出興世，三十二相以莊嚴，
應發無等菩提心，於如來所興供養。若欲永捨貪恚癡，及以遠離諸煩惱，
速當親近釋師子，施作種種諸供養。若欲速成釋梵王，各千眷屬常隨從，
恒受天宮諸快樂，彼應親近釋師子。欲為四洲勝輪王，所願七寶皆成就，
最勝千子咸勇健，應當供養彼勝尊。欲為長者邑中主，資財增廣無有量，
眷屬色相悉超倫，彼應供養釋師子。已得解脫及當得，皆由聞佛寂靜法，
難可值遇彼勝尊，應聽甘露無憂句。

爾時，王舍城中男女長幼無量衆生，聞此頌已，即皆開悟，各齊香花、寶蓋

、幢幡、無量音樂，詣如來所，一心瞻仰，踊躍歡喜，恭敬供養。於是世尊將欲入城，足蹈門閫，城中之地六種震動，雨衆妙花及諸音樂，城中衆生盲者得視，聾者得聞，狂者得心，裸者得服，飢者得食，貧者得財。時彼衆生亦復不為貪欲、瞋恚、愚癡、憍慢之所逼惱，慈心相向猶如父子。彼樂音中而說頌曰：

十力大丈夫，　最勝人師子，　利物入都城，　群生獲安樂。
盲瞽得見色，　聾聵得聞聲，　顛狂復本心，　裸露蒙衣服。
飢渴遇珍膳，　貧窶得資財，　又於虛空中，　諸天百千億。
同為供養佛，　競奏諸樂音，　具德十力尊，　今入此城內。
城中六種動，　所謂遍動等，　衆生無怖想，　皆獲大歡喜。
而今此城中，　一切諸衆生，　不為貪恚癡，　慳嫉之所惱。
欣悅充遍身，　慈念而相向，　願佛速入城，　安樂諸群品。
世尊入城時，　普放大光明，　人天咸奏樂，　悅暢於心意。
如是諸奇特，　種種無有量，　天人阿修羅，　莫不皆瞻奉。

時，王舍城有菩薩長者之子，名摧過咎，於里巷中遙覩世尊相好奇特，端嚴澄睟，諸根湛寂，觀者無厭，住奢摩他最上調伏，防護諸根如善調象，正念不亂如淨淵池，三十二相莊嚴其體。彼菩薩既見是已，生極尊重淨信之心，便往佛所，稽首雙足，右遶三匝，卻住一面。復有無量百千眾生，同詣佛所；無數諸天住虛空中，合掌恭敬，尊重頂禮。

是時，摧過咎菩薩白佛言：「世尊！菩薩成就幾法，速得阿耨多羅三藐三菩提，隨其所願嚴淨佛剎？」

於是世尊為欲調伏諸眾生故，為欲哀愍摧過咎故，往詣廛肆，於大眾中而告之言：「善男子！菩薩成就一法，速得阿耨多羅三藐三菩提，隨其所願嚴淨佛剎。善男子！何謂一法？此菩薩於一切眾生行大悲故，以勝志樂發菩提心。云何名為以勝志樂發菩提心？應作是說：若有已發菩提心者，乃至微惡終更不作。何所不作？謂貪、瞋、癡及以在家威儀調戲悉皆遠離；若出家已，不復悕望名利恭敬，安住出家所修行法。云何出家所修行法？謂如實悟入一切諸法。云何所悟一切諸法？謂蘊、界、處，有為、無為。云何悟入？謂觀察五蘊寂滅如幻、空無所有，如是悟時不見悟入，無覺無思，一切分別悉皆寂滅。若於諸蘊如是悟入，即為悟入一切諸法，是名出家所修行法。菩薩如是修此行時，亦不捨離一切眾生。何以故？是菩薩如自所觀為眾生說，而亦不著法及眾生。善男子！是為菩薩成就一法速得阿耨多羅三藐三菩提，亦令佛剎具足圓滿。」

說此法時，摧過咎菩薩得無生忍，歡喜踊躍，上昇虛空，高七多羅樹。於彼眾中，二千眾生發菩提心；一萬四千諸天及人遠塵離垢，於諸法中得法眼淨。於是世尊熙怡微笑，從其面門放種種色光，照無量世界，照已還來，遶佛三匝而從頂入。是時，阿難即從座起，整理衣服，偏袒右肩，右膝著地，於世尊前而說頌曰：

自在力導師，　到諸法彼岸，　一切智人尊，　何緣現微笑？
善逝十力尊，　能為諸利益，　三世悉明達，　何緣現微笑？
了眾生心行，　上中下差別，　知諸想無礙，　願佛為宣說？

億那由諸天，　咸來頂禮佛，　願發微妙音，　充濟諸渴仰。
勝定到彼岸，　智慧亦復然，　遠離於錯謬，　何緣現微笑？
百千諸天眾，　為法故來集，　無量諸比丘，　合掌皆願聞。
奏種種音樂，　供養於如來，　善哉佛世尊，　願決眾疑惑！

佛告阿難：「汝今見此摧過咎菩薩昇虛空不？」

阿難白言：「唯然！已見！」

佛言：「善男子！此摧過咎卻後過於六萬二千阿僧祇劫，於此世界當得成佛，號寂靜調伏音聲，劫名離熱惱。彼佛剎土功德莊嚴，及以聲聞、菩薩之眾，亦如不動如來妙喜世界，等無差別。」

是時，世尊與諸比丘到阿闍世王宮已，各隨次第敷座而坐。時，王即以種種飲食，手自斟酌，供養世尊及比丘僧悉令充足，復以上妙衣服奉獻如來。即於佛前踞卑床座而白佛言：「世尊！忿恨瞋惱從何而生？愚癡無智由何而滅？」

佛告大王：「忿恨瞋惱，我、我所生，若不能知功德、過失及我、我所，名為無智；若如實知彼我、我所，此即非智、非非智也。大王！當知一切諸行來無所從，去無所至，若無來去則無生滅，若無生滅，彼智無智亦復皆無。何以故？無有少法而能了知生與非生，若離能知，是為知也。」

時，阿闍世王白佛言：「世尊！希有如來、應、正等覺如是善說，我今寧可聞法中夭，不願徒生壽命相續。」

爾時，世尊為阿闍世勸發開曉令歡喜已，從座而去，詣耆闍崛山，洗足已，敷座而坐，入于三昧。是時，如來為法施故，於晡時間從三昧起，諸大菩薩及聲聞眾皆從定出。於是文殊師利與四萬二千趣菩薩乘諸天子俱，彌勒菩薩與五千菩薩眾俱，勇猛雷音菩薩與五百菩薩眾俱，如是一切菩薩及諸聲聞并阿闍世王，各將眷屬前後圍遶，詣如來所，頂禮佛足，退坐一面。時，王舍城復有無量百千眾生，皆共往詣耆闍崛山，到如來所，頂禮佛足，退坐一面。

於是舍利弗承佛威神，從座而起，偏袒右肩右膝著地，合掌恭敬而白佛言：「如來！前已於王舍城廛肆之內，為摧過咎略說菩薩摩訶薩功德莊嚴清淨佛剎。

善哉！世尊！唯願廣說如諸菩薩行不退轉菩提之行，息諸煩惱，嚴淨佛剎，圓滿大願，具足修行諸波羅蜜，遠離聲聞、辟支佛地，履踐如來所行之跡，降伏眾魔制諸外道，具一切智轉妙法輪；如是菩薩乃至未得一切種智，而能決定利益安樂無量眾生。世尊！今此會中為求菩提善男子、善女人聞是法已，歡喜修行。」

于時世尊作是思惟：今我所說非但為此現前會眾，是故宜應示現神變。作是念已，放百千億妙色光明，一一光明普照十方百千億土，彼諸佛土所有日月天龍摩尼、電火光明映蔽不現，而彼一切大小圍山、須彌山王及餘諸山叢林樹木，為佛光明之所鑒徹，無能現影。

是時，如來復現威德謦欬之聲，其聲遍聞十方世界。爾時，東方去此八十四恒河沙等佛剎，有世界名普光明，彼現有佛，號集吉祥王；而彼佛剎無有聲聞、辟支佛名，唯是菩薩充滿其土，一一菩薩各有百億不退菩薩而為眷屬。時，彼眾中有一菩薩名曰法上。以何義故，名為法上？謂彼菩薩於眾會前聞說法已，上昇虛空，高七多羅樹；自隱其身，說菩薩藏法門，名陀羅尼金剛句。時，彼會眾咸作念言：「一切諸法但有其聲，何以故？即如法上菩薩不見身相但聞其聲，此聲無體如彼身相，既離見聞則為法性。」

說此法時，會中無量得忍菩薩遙見彼土法上菩薩，又見此剎佛放光明，及聞其聲曁乎彼界，彼諸菩薩即時共詣集吉祥王如來所頂禮佛足，卻住一面。法上菩薩白佛言：「世尊！以何因緣而現此瑞？未曾有也！」

佛言：「善男子！西方去此過八十四恒河沙等佛剎，有世界名娑婆，彼現有佛，號釋迦牟尼；為欲召集十方世界諸菩薩故，一切毛孔放此光明及謦欬聲。」法上菩薩白佛言：「世尊！我今欲往娑婆世界，禮覲供養釋迦如來及諸菩薩，并欲聽法。」

佛言：「可往！今正是時。」

爾時，法上菩薩即作是念：「今我以何神變，往彼禮覲釋迦如來？」作是念已，即入一切莊嚴身三昧，由是三昧威神力故，令此三千大千世界滿中妙花積至於膝，百千音樂同時俱作，寶幢、幡蓋、種種莊嚴，復以妙香普熏此界，猶如他化自在天宮。是時，法上菩薩現神變已，即與六十三億大菩薩衆前後圍遶，譬如壯士屈伸臂頃，從彼土沒，現此界中，到如來所，頭面禮足，右遶三匝，隨所來方，以願力故，化現蓮花而坐其上。

爾時，南方去此過九十六億那由他佛剎，有世界名離塵，彼現有佛，號師子勇猛奮迅，而為無量大菩薩衆恭敬圍遶。於彼衆中，有一菩薩名曰寶掌。以何義故名為寶掌？謂彼菩薩於諸佛土化衆生時，欲以右手遍捫若干諸佛世界，即隨所欲而能成辦。從其手出佛、法、僧聲，施、戒、忍、進、禪、慧、慈悲喜捨之聲，出如是等百千億那由他法寶之聲。

爾時，寶掌菩薩見大光明，聞聲欬聲，詣彼佛所，白言：「世尊！以何因緣而有此瑞？」

佛言：「善男子！北方去此過九十六億那由他佛剎，有世界名娑婆，佛號釋迦牟尼，為欲演說佛剎功德莊嚴法門，集諸菩薩，令聞此法攝受功德故現斯瑞。」

寶掌菩薩白佛言：「世尊！我等欲往娑婆世界，禮覲供養釋迦如來及諸菩薩，并欲聽法。」

佛言：「善男子！寧用去為？何以故？彼娑婆世界具足三毒，苦惱衆生之所聚集。」

寶掌菩薩白佛言：「世尊！彼釋迦如來、應、正等覺見何義利，捨嚴淨剎，現穢土中？」

佛言：「善男子！彼佛如來昔於長夜作如是言：『願我速得成就大悲，常於弊惡衆生之中，成等正覺，轉妙法輪！』」

寶掌菩薩復白佛言：「世尊！彼釋迦如來乃能往昔發是大悲難發之願，現於如此惡世界中，如是慈尊甚為難遇，我今當往禮覲供養！」

佛言：「可爾！今正是時。然，善男子！汝詣彼土應當謹察無自毀傷。所以者何？生彼世界諸菩薩等雖為難遇，其餘衆生心行險詖，難可調伏。」

寶掌白言：「彼土雖有忿恨怨讎，無傷於我，假使一切衆生盡未來際，瞋恨罵辱乃至刀杖瓦石打擲，悉能受之，終不加報。」

爾時，師子勇猛奮迅如來調彼一切衆菩薩言：「諸善男子！汝等若能如寶掌者，可與俱行。」

說是語時，於彼會中有七萬二千菩薩，同聲白言：「我等共往娑婆世界。」

寶掌菩薩即作是念：「今我以何神變，往彼禮覲釋迦如來，復能安樂無量衆生？」

作是念已，即以右手覆此三千大千世界，雨諸飲食、衣服、車乘、金銀、琉璃、真珠、珂貝、珊瑚、璧玉，隨諸衆生心所悕望，悉能充滿，樂聞法者即令得聞，復使無量聞法衆生證得真實，亦令無數病苦衆生受勝妙樂。是時，寶掌菩薩現神變已，與諸菩薩於一念頃，從彼土沒，現此界中，到如來所，頂禮佛足，右遶三匝，隨所來方，以願力故，化現蓮花而坐其上。

爾時，西方去此過七十二億那由他百千佛刹，有世界名摩尼藏，彼現有佛號摩尼積王，其佛刹土清淨琉璃之所成就，無有聲聞及辟支佛，唯是清淨大菩薩衆。去來坐立於琉璃地，咸見如來分明顯現，如明鏡中覩其面像，是諸菩薩於彼地中見佛世尊亦復如是。見已請法，佛便為說往昔大願，彼諸菩薩聞法得忍。

爾時，如來於眉間毫相摩尼寶中，放大光明遍照彼刹，其中所有日月光明映蔽不現，以華開合而為晝夜。於彼刹中，有一菩薩名勝智願，遇斯光已，便詣佛所，白佛言：「世尊！以何因緣而有此瑞？」

佛言：「善男子！東方去此過七十二億那由他百千佛刹，有世界名娑婆，佛號釋迦牟尼，為欲召集諸菩薩故而現斯瑞。」

時，勝智願聞是語已，白佛言：「世尊！我等欲往娑婆世界，禮覲供養釋迦如來及諸菩薩，并欲聽法。」

佛言：「可往！今正是時。」

時，勝智願作是念言：「今我以何神變，往彼禮覲釋迦如來？」作是念已，即入三昧，令此三千大千世界三惡道苦悉皆消滅，得無上樂，譬如比丘得諸禪定。是時一切諸天、世人及以非人，不為貪恚、愚癡、諸見、我慢、忿恨、怒害、慳嫉、憍諂覆藏之所逼惱，皆發慈心。爾時，勝智願菩薩現神變已，與四萬二千菩薩，於一念頃，從彼土沒，現此界中，到如來所，頭面禮足，隨所來方，以願力故，化現蓮花而坐其上。

爾時，北方去此過六萬三千佛剎，有世界名常莊嚴，彼現有佛號娑羅起王，其佛剎土，初未曾聞女人之稱，一切皆是蓮花化生，袈裟隨體。時，佛為彼諸菩薩眾說佛種性印法門：「何等名為佛種性印？所謂最初發菩提心，從此即為具菩薩戒入菩薩藏，得陀羅尼，心無散亂，不離於捨證入空性，正修無相無所願求，性離貪染，於蘊、界、處而能證入，所作隨覺樂求佛慧，於無生性真實了知，證於諸法而無分別，具足正見，斷於妄念，是故名為佛種性印。」

時，彼眾中有一菩薩，名相莊嚴星宿聚王，本願殊勝，若有眾生見其身者，必定當得三十二相。時，彼菩薩遇佛光明及聞其聲，便詣佛所，頂禮雙足，右遶三匝，白佛言：「世尊！以何因緣而有此瑞？」

佛言：「善男子！於此南方過六萬三千佛剎，有世界名娑婆，佛號釋迦牟尼，為欲召集諸菩薩故而現此瑞。」

彼菩薩言：「何故名為娑婆世界？」

佛言：「彼界堪忍貪恚、愚癡及諸苦惱，是故名為娑婆世界。」

彼菩薩言：「娑婆世界諸衆生等，皆能忍受惡罵捶打諸惱亂耶？」

佛言：「善男子！彼界衆生少能成就若斯功德，而多隨順貪恚、愚癡、怨恨纏縛。」

彼菩薩言：「若如是者，彼界不應名娑婆也。」

佛言：「相莊嚴星宿聚王！彼佛刹土亦有行菩薩乘諸善男子及善女人，已曾供養無量諸佛，成就忍辱，將護衆生，善自調伏；若有衆生以諸苦惱而來加害，悉能含忍，終不放逸貪、恚、愚癡。善男子！由有如此諸善丈夫，是故彼界名曰娑婆。又彼界中，亦有衆生具足衆惡，少能悔過，其心麁猛而無愧恥，不敬佛、不重法、不愛僧，當墮地獄、畜生、餓鬼。彼釋迦如來於此下劣衆生之中，悉能忍受罵辱、嫌恨、誹謗、惱亂、惡言、恐愶，心如大地，不可動搖無所違逆。若得供養及以不得，心無高下亦無憎愛，是故彼界名曰娑婆。」

爾時，相莊嚴星宿聚王菩薩白佛言：「世尊！我等今者得大善利，不生於彼弊惡下劣衆生之中。」

佛言：「善男子！莫作是說。何以故？東北方有世界名妙莊嚴忍，彼現有佛號大自在王，其土衆生皆悉具足一向安樂，譬如比丘入於滅定，彼之安樂亦復如是。若有衆生於彼佛土億百千歲修諸梵行，不如於此娑婆世界一彈指頃於諸衆生起慈悲心，所獲功德尚多於彼，何況能於一日一夜住清淨心！」

爾時，相莊嚴星宿聚王菩薩白佛言：「世尊！我等欲往娑婆世界，禮覲承事釋迦如來及諸菩薩，并欲聽法。」

佛言：「可往！今正是時。」

爾時，相莊嚴星宿聚王菩薩即作是念：「今我以何神通之力，往彼禮覲釋迦如來？」

作是念已，於虛空中化成寶蓋，覆此三千大千世界，百千萬億珠纓寶幡周匝垂布；於其蓋中雨種種花，百千音樂自然而奏。復令此會比丘、比丘尼、優婆塞、優婆夷、天、龍、夜叉、乾闥婆、阿修羅、迦樓羅、緊那羅、摩睺羅伽、人非人等，各自見身具三十二相現寶蓋中。爾時，相莊嚴星宿聚王菩薩現神變已，與十億菩薩，於一念頃，從彼土沒，現此界中，到如來所，頂禮雙足，右遶三匝，隨所來方，以願力故，化現蓮花而坐其上。

如是乃至遍於十方，各有無量阿僧祇佛剎中，無量阿僧祇百千億菩薩，見大光明，聞謦欬聲，問彼世尊，而來此土；頂禮佛足，各坐一面，亦復如是。又此界中，釋、梵、護世、大威德天、諸龍、夜叉、乾闥婆、阿修羅、迦樓羅、緊那羅、摩睺羅伽等，皆見光明，咸來佛所，頂禮雙足，卻坐一面。

爾時，世尊現神變已，十方無量百千億那由他佛剎所有菩薩來集會者，皆見此土功德莊嚴并佛身量、菩薩、聲聞及受用具，與自本剎悉皆同等，然知彼此剎無雜亂。爾時，彌勒菩薩即從座起，整理衣服，偏袒右肩，右膝著地，合掌向佛，而說頌曰：

名振十方智無量，放大光明照世間，一切眾生共度量，莫測人尊勝智慧。

十方無量億菩薩，為求法故咸來集，而皆信樂諸法門，願佛演說令歡喜。
如來戒定及智慧，名稱普聞十方國，演法無畏猶師子，光遍虛空如日照。
一切天龍與羅剎，及諸比丘比丘尼，優婆塞衆優婆夷，合掌樂聞如來說。
過去未來及現在，世尊於彼悉了知，以勝解力拔群迷，願決疑惑令開曉。
云何菩薩智慧行，嚴淨佛剎令光潔？云何諸願速成滿？今請如來為宣說。
云何無慳戒無缺，能忍罵辱諸難事？精進修行無懈倦，解脫無量苦衆生。
專心樂入三昧門，遊止清淨禪宮殿，處世利益而無染，譬如蓮花不著水。
云何智慧出世間，開闡甚深微妙法，降伏一切諸魔衆，速能具足奢摩他？

大寶積經卷第五十八

大寶積經卷第五十九

大唐于闐三藏實叉難陀譯

文殊師利授記會第十五之二

爾時，世尊告彌勒菩薩摩訶薩言：「汝今為佛嚴辦法座，我當昇已，說往昔志樂所修諸行，善巧出生諸佛剎土功德莊嚴，趣向真實法門。」

爾時，彌勒菩薩即作是念：「今者世尊以何義故令我嚴座，不使阿難、大目連等？如何棄捨彼諸聲聞，將非唯為諸菩薩說，或彼聲聞及辟支佛，於此法門而非器故？以是世尊令我敷座。」

爾時，彌勒菩薩即為如來以神通力化作衆寶師子之座，高四萬由旬，周匝嚴麗，柔軟天衣以敷其上，從其座出種種光明，照此三千大千世界。爾時，如來昇其座已，令此世界六種震動。

爾時，世尊告長老舍利弗：「菩薩成就四法，能令所願皆得滿足。何等為四？一者、發勝志樂，二者、於諸衆生起悲愍心，三者、發起精進，四者、承事善知識。

「復次，舍利弗！菩薩成就一法，令願不退，嚴淨佛剎。何謂一法？是菩薩應當樂學不動如來為菩薩時，本所修行立弘誓願：『我當所在生處初生之時，若不出家，則為欺誑十方諸佛。』如是，舍利弗！是諸菩薩應隨順學，若佛出世若不出世，一切生處皆悉決定捨家出家。何以故？而諸菩薩最勝利益所謂出家。

「舍利弗！樂出家者，則能攝取十種功德。何等為十？一者、不著諸欲，二者、樂阿蘭若，三者、行佛所行，四者、離凡夫行，五者、不著妻子及以財產，六者、離惡道因，七者、修善趣法，八者、宿世善根皆不損減，九者、恒為諸天之所歎羨，十者、一切鬼神恭敬守護。若菩薩常樂出家，獲得如是十種功德。是故，舍利佛！菩薩志求菩提，欲度眾生，常當出家，是名菩薩成就一法。

「復次，舍利弗！菩薩成就二法，令願不退，嚴淨佛刹。何等為二？所謂菩薩不樂聲聞地，不求聲聞乘，不愛樂說聲聞乘處，不親近聲聞乘者，不學聲聞戒，不樂宣說共聲聞乘相應之法，亦不勸他行聲聞乘，於緣覺乘亦復如是。唯為佛法勸發眾生成就最上阿耨多羅三藐三菩提，是名為二。

「舍利弗！若有勸他趣入佛乘，此菩薩則能攝取十種功德。何等為十？一者、得清淨刹無有聲聞及辟支佛，二者、得純一清淨諸菩薩眾，三者、諸佛世尊之所護念，四者、常為諸佛稱名讚歎而為說法，五者、所發之心皆悉廣大，六者、若生天上當作帝釋或梵天王，七者、若生人中作轉輪王，八者、常見諸佛，九者、為諸天人之所愛樂，十者、攝取無量無邊阿僧祇功德。何以故？舍利弗！若有能令三千大千世界所有眾生，一切皆得阿羅漢果，或復置於緣覺之地，若復有能置一眾生於佛菩提，此之功德甚多於彼。何以故？舍利弗！不由聲聞、緣覺出現，佛種不斷；世若無佛，則無聲聞及辟支佛。舍利弗！以佛出現令佛種不斷，亦復出生聲聞、緣覺。是故，舍利弗！菩薩令他住佛乘中，得如是等十種功德，得清淨剎。

「復次，舍利弗！菩薩成就三法，令願不退，攝受佛剎功德莊嚴。何等為三？一者、尊重愛樂住阿蘭若，二者、無所染著而行法施，三者、堅固安住淨戒律儀。

「舍利弗！菩薩堅住戒律，得十無畏。何等為十？一者、入聚落無畏，二者、眾中說法無畏，三者、飲食無畏，四者、出聚落無畏，五者、入寺無畏，六者、大眾中食無畏，七者、教授無畏，八者、親近和上阿闍梨無畏，九者、於自眷屬慈心教誨無畏，十者、受用衣服、飲食、臥具、醫藥無畏，住戒律者所有言說令他信受。舍利弗！是為菩薩十種無畏。

「舍利弗！菩薩說法心無所著，則能攝受十種功德。何等為十？一者、不生惡欲，二者、不求他人識知，三者、不起名聞心，四者、於檀越家心不繫著，五者、不占護他家，六者、於極下劣四事供養而生喜足，七者、說法令他信受，八者、善神守護，九者、不生邪覺，十者、起念佛心，是名為十。

「舍利弗！菩薩尊敬愛樂住阿蘭若，成就十種功德利益。何等為十？一者、遠離世俗言論，二者、專習閑靜，三者、心緣定境，四者、捨諸營務，五者、愛樂諸佛，六者、恒受禪定喜樂，七者、修梵行時無有障礙，八者、少用功力而得三昧，九者、所受教法未嘗忘失，十者、所聞法義皆悉了知，是名為十。

「復次，舍利弗！菩薩成就四法，令願不退，嚴淨佛剎。何等為四？一者、如說能行，如行能說，二者、常自謙下，三者、遠離慳嫉，四者、見他得利心生歡喜，是名為四。

「舍利弗！是菩薩如行能說有四種利益。何等為四？一者、口中常出青蓮花香，二者、語業清淨，言無錯謬，三者、一切世間所共信受，四者、攝受諸佛圓滿音聲，是名為四。

「舍利弗！菩薩謙下有四種利益。何等為四？一者、遠離惡趣畜生等身，二者、受妙快樂，三者、潛謀暴賊俱不能害，四者、堪受人天恭敬禮拜，是名為四。

「舍利弗！菩薩遠離慳嫉有四種利益。何等為四？一者、不忘施心，二者、於饑饉時作大施主，三者、見持戒者來，承迎引納，四者、若受他施及施於他，無有一人而生嫉妬，是名為四。

「舍利弗！菩薩見他得利生歡喜心有四種利益。何等為四？一者、常生是心：我攝衆生，應與利樂，彼既自得，故生歡喜；二者、所有財物，王難、水火、劫賊、怨親無能侵奪；三者、隨所生處，財寶、諸子皆悉具足，王不嫉忌，何況餘人！四者、*蓄用資財俱無窮盡，是名為四。舍利弗！是菩薩成就四法。

「復次，舍利弗！菩薩成就五法，令願不退，嚴淨佛剎。何等為五？一者、彼菩薩詣說法者而問之言：『修何等行，能得佛剎清淨莊嚴？』若得聞已，如說修行。二者、菩薩清淨持戒及願力故，生佛國中；生彼國已，觀察彼土種種莊嚴、衆寶資具，及諸聲聞、菩薩大衆諸相微妙，於如來所恭敬尊重，白言：『世尊！菩薩修何等行，得廣大佛剎清淨莊嚴？』而彼如來知此菩薩志樂殊勝，即為宣說如是功德成就佛剎；彼得聞已，如法修行。三者、菩薩有智有行，應淨其智，應進其行。云何淨智?謂於能緣及所緣法,遠離聲聞、緣覺智故。云何進行?謂如所聞必定修行,離不行故。四者、菩薩善知有因及知出離言。有因者謂不正思惟,是四顛倒之所依止,為生死因故;言出離者謂正修行,於一切法不起分別為出離故。五者、菩薩了知諸佛體性及剎土性,俱但有名,名亦寂滅,如是了知,不起知想。是名為五。

「復次,舍利弗!菩薩成就六法,速得阿耨多羅三藐三菩提,亦能攝取一切世界最上佛剎。何等為六?一者、此菩薩為大施主,所有珍玩可愛樂物,樂喜布施,無所悋著。又作是念:『我行大施圓滿大乘,所謂求阿耨多羅三藐三菩提時,一切悉捨,心無所著,具足成就菩提資糧,捨自身命尚不生悔,何況財產及妻子等!』舍利弗!何故如來名一切智?謂行菩薩行時,於自所有一切皆捨,以是義故,得菩提已,名一切智。

「二者、若菩薩在家、出家,寧捨身命終不破戒;以此持戒,共諸衆生,迴向阿耨多羅三藐三菩提。如是持戒自覺歡喜,樂修梵行,晝夜安樂,益加求法,住正修行，厭怖三界，希求出離，雖見出要，顧念眾生：「如我所苦，彼亦皆然，我當荷茲重擔，攝取眾生，置於涅槃安樂之處。」如是持戒，自覺喜時獲大悲心，乃至未得一切種智，不捨精進如救頭然。

「三者、菩薩被忍辱鎧，離於高慢，得大忍力，若遇罵辱及捶打時，忍心成就不生瞋恨。假使有棒如須彌山，有人執持，於億劫中常見打罵，而亦不生怨恨之心。何以故？『彼諸眾生未隨佛學，而我方將隨佛修學，是故於彼所得打罵，便能增長爾所大悲。我當為諸眾生被弘誓鎧，攝取眾生，令得解脫入於涅槃，是故我今不應瞋恨。』菩薩正住如是忍時，則得成就十種具足。何等為十？一者、種姓，二者、財產，三者、眷屬，四者、色相，五者、善捨，六者、善友，七者、得聞正法，八者、如說修行，九者、臨命終時得見諸佛，十者、既見佛已，生淨信心，是為十種功德具足。

「四者、菩薩為欲成就善法，堅固自課發起精進。又為一一眾生，盡未來際，於生死中，次第修行諸精進行而不疲倦，以自課業及此大悲為一切眾生，於爾所時，流轉生死不捨眾生。舍利弗！若有菩薩，十方各如恒沙世界滿中七寶，於念念中奉上如來，如是相續盡未來際；若有菩薩發大悲心，被精進鎧而此功德復多於彼。舍利弗！菩薩具此精進，得十種勝志樂法。何等為十？一者、離凡愚行，二者、攝受佛行，三者、見生死過，四者、住大悲心，五者、不退本願，六者、少諸疾病，七者、順諸佛教，八者、薄婬怒癡，九者、隨文了義，十者、修行成就，是名為十。

「五者、菩薩作是思惟：『諸佛如來心常在定，未曾失念，我應隨佛所行。若心散亂，終不能證佛所行處，是故應當捨離一切心所取著，亦捨一切利養、恭敬、聚落、城邑、飲食、資生及諸親友。為欲利益諸眾生故，不捨眾生，樂阿蘭若，住寂靜處，獨行無侶如犀一角。住靜處已，起大慈心，初遍一方漸至十方，普遍眾生，慈心遍已，得入禪定。』舍利弗！若有在家菩薩，以一切樂具，於恒沙劫，供養一切恒沙諸佛及比丘眾；若有出家菩薩行於七步，向阿蘭若寂靜之處，而此福德甚多於彼，以能速得大菩提故。舍利弗！菩薩樂住寂靜入禪定者，獲十種功德利益。何等為十？一者、得念，二者、得慧，三者、修行，四者、迅辯，五者、得陀羅尼，六者、善知法生，七者、善知法滅，八者、戒聚無犯，九者、諸天供養，十者、不貪他好，是名為十。

「六者、菩薩善知智慧等流，謂作是念：『智慧以戒為首，白法增長以慧為首，是故菩薩應學智慧。世間所有難作難成，一切工巧、一切醫藥，皆悉遍學，而此智慧不能證入離欲寂滅，亦復不能趣向菩提，非向沙門，非婆羅門，非向涅槃，是故我今應更遍求法藥工巧，以如是智，令我得彼究竟寂滅。』彼菩薩求諸法本，不見少法能起於法，以不見故住於寂滅。住寂滅故則無熱惱，無熱惱故了知生死，為眾生故而受彼生，令諸眾生除滅苦故，是名為六。

「復次，舍利弗！菩薩成就七法，令願不退，嚴淨佛剎。何等為七？一者、自捨一切而施不可得故；二者、戒不缺犯，不計著戒故；三者、忍辱柔和而眾生不可得故；四者、發起精進，身心不可得故；五者、成就禪定，不住禪故；六者、智慧圓滿，無分別故；七者、隨念諸佛，遠離相故；是名為七。

「復次，舍利弗！菩薩成就八法，令願不退，嚴淨佛剎。何等為八？一者、不樂涅槃，二者、施莊嚴具，三者、其心廣大，四者、尊敬法師，五者、不行邪名，六者、平等惠施，七者、不自矜高，八者、不凌蔑他，是名為八。

「復次，舍利弗！菩薩成就九法，令願不退，嚴淨佛剎。何等為九？一者、具身律儀，二者、具語律儀，三者、具意律儀，四者、滅諸貪欲，五者、滅諸瞋恚，六者、滅諸愚癡，七者、不行欺誑，八者、為堅固友，九者、不輕慢善知識，是名為九。

「復次，舍利弗！菩薩成就十法，令願不退，嚴淨佛剎。何等為十？一者、聞地獄苦，但起大悲不生怖畏；二者、聞畜生苦，但起大悲不生怖畏；三者、聞餓鬼苦，但起大悲不生怖畏；四者、聞諸天衰惱，但起大悲不生怖畏；五者、聞人中飢饉、賊盜、怨敵殺害，但起大悲不生怖畏；六者、菩薩作如是念：『我於此時當起精進，乃至未得清淨佛剎終不懈慢！』七者、令我剎中飲食、衣服隨念即得；八者、我佛剎中諸眾生等壽命無量；九者、我佛剎中諸眾生等，無彼我心；十者、我佛剎中所有眾生決定趣向無上菩提；是名為十。

「復次，舍利弗！若菩薩執持妙花詣如來所或佛塔所興供養時，作是願言：『如此妙花色香殊勝，見者欣悅；我成佛時，令我剎中如是種種妙花遍布，及眾寶樹周匝莊嚴。乃至末香、塗香、衣服、飲食、寶蓋、幢幡、金銀、琉璃、真珠等寶，用供養時，亦應如是迴向佛剎功德莊嚴。』以彼菩薩住戒律故，隨心所願皆得成就。

「復次，舍利弗！菩薩不求自樂，喜他得樂，是故菩薩得菩提時，彼佛剎中所有眾生，悉皆具足一向快樂。

「復次，舍利弗！菩薩常應普皆攝取十善業道，悉以迴向一切種智，是故菩薩得菩提時，彼佛剎中所有眾生，初生即具十善業道及出離智。

「復次，舍利弗！菩薩隨所至方勸諸眾生，悉皆令趣無上菩提，唯讚佛乘，不說二乘及所共法；是故菩薩得菩提時，彼佛剎中所有眾生決定當得無上菩提，永離聲聞及辟支佛，無量菩薩充滿其國。

「復次，舍利弗！菩薩於他利養終不遮斷，見他得利常生歡喜，是故菩薩得菩提時，彼佛剎中所有衆生，受用資具恒無斷絕，具足獲得大法光明。

「復次，舍利弗！菩薩若見比丘、比丘尼有過犯者，終不發揚，但自安住正法之中，是故菩薩得菩提時，彼佛剎中一切無有過失之名。何以故？以彼大衆皆得清淨無過失法。

「復次，舍利弗！菩薩樂法、求法不生熱惱，如所聞法正住修行，是故菩薩得菩提時，彼佛剎中衆生生者，求法、樂法皆無熱惱，如所聞法隨順修行。

「復次，舍利弗！菩薩絃歌鼓吹種種音樂供養佛塔，以此善根迴向佛剎功德莊嚴，是故菩薩得菩提時，彼佛剎中百千音樂不鼓自鳴。

「復次，舍利弗！菩薩若見失念衆生，令得正念，是故菩薩得菩提時，令諸弟子得禪悅食。舍利弗！如是佛剎功德，具足如來辯才，或一劫、或過一劫說不能盡。舍利弗！然我今者隨諸菩薩之所樂欲，如是略說，勝志樂者，聞已趣向，當得圓滿佛剎功德。舍利弗！菩薩成就三法，速得阿耨多羅三藐三菩提，所求佛剎皆得成就。何等為三？一者、大願殊勝，二者、住不放逸，三者、如所聞法起正修行，是名為三。」

爾時，舍利弗白佛言：「世尊！如來希有善說此法，世尊住不放逸故得菩提分法，住修行故得大菩提，住勝願故成就佛剎功德莊嚴。」

佛告舍利弗：「如是！如是！如汝所說。如我往昔以大願力成就佛剎，不放逸故得成菩提。舍利弗！若但言說，住於放逸而不修行，彼尚不能至聲聞地，何況能得阿耨多羅三藐三菩提！是故菩薩若欲自知是真菩薩，如菩薩所學，應如是學。」

爾時，會中四萬菩薩從座而起，合掌向佛，同聲白言：「如佛所說菩薩學處，我當隨學！住不放逸，修行成就，滿足大願，嚴淨佛剎。」

爾時，世尊熙怡微笑。時，舍利弗白佛言：「世尊以何因緣現此微笑？」

佛告舍利弗：「汝見此諸善男子師子吼不？」

舍利弗言：「唯然！已見。」

佛言：「舍利弗！此諸善男子過百千劫，各於異剎得阿耨多羅三藐三菩提，同號願莊嚴，亦如當來師子佛等，其土清淨如無量壽國，唯除壽量。」

舍利弗言：「彼諸如來壽量幾何？」

佛言：「彼一一佛皆壽十劫。」

爾時，師子勇猛雷音菩薩即從座起，偏袒右肩，右膝著地，合掌向佛白言：「是文殊師利童真菩薩，諸佛世尊常所稱歎，久如當得阿耨多羅三藐三菩提，所得佛剎當復云何？」

佛言：「善男子！汝當自問文殊師利。」

時，師子勇猛問文殊師利言：「仁者何時當得阿耨多羅三藐三菩提？」

答言：「善男子！何不問我趣菩提不，而乃問我成菩提耶？何以故？我於菩提尚不趣向，何況當得！」

問言：「文殊師利！仁者豈不為利眾生故趣菩提耶？」

答言：「不也！何以故？眾生不可得故。若眾生是有，可為利益趣向菩提，而衆生、壽命及福伽羅皆無所有，是故我今不趣菩提，亦不退轉。」

師子勇猛言：「文殊師利！仁者趣向諸佛法不？」

答言：「不也！善男子！一切諸法皆趣向佛法。何以故？諸法無漏、無繫、無形、無相，為趣向佛，如趣向佛，諸法亦然。善男子！而汝所問趣向佛法，我今問汝，隨汝意答。於意云何，為色求菩提耶？為色本性求，為色如求，為色自體求，為色空求，為色離求，為色法性求菩提耶？善男子！於意云何，為色得菩提耶？乃至為色法性得菩提耶？」

答言：「不也！文殊師利！色不求菩提，乃至色法性不求菩提；色不得菩提，乃至色法性亦不得菩提。」

文殊師利言：「於意云何，受、想、行、識求菩提，乃至識法性求菩提耶？識得菩提，乃至識法性得菩提耶？」

答言：「不也！文殊師利！受、想、行、識不求菩提，乃至識法性不求菩提；識不得菩提，乃至識法性不得菩提。」

文殊師利言：「於意云何，離於五蘊，有我、我所耶？」

答言：「不也！」

文殊師利言：「如是！如是！善男子！更以何法而求菩提及得菩提？」

師子勇猛言：「文殊師利！仁者所言衆皆誠信，而今乃說不求菩提，不得菩提，新發意菩薩聞此所說必生驚怖。」

文殊師利言：「善男子！一切諸法無有驚怖，於實際中亦無驚怖，如來為於無驚怖者而演說法。若驚怖者，彼即生厭；若生厭者，彼則離欲；若離欲者，彼則解脫；若解脫者，則無菩提；若無菩提，是則無住；彼若無住，是即無去；若無有去，是則無來，則無願求；若無願求，則不退轉；若不退轉，則為退轉。退轉何法？所謂執我、衆生、命者及福伽羅，若斷若常，取相分別，悉皆退轉。彼若退轉，則不退轉。不退何法？謂空、無相、無願、實際及諸佛法皆不退轉。何謂佛法？謂不離、不著及無所緣，無入無出，無有所行，亦無表示，但有其名，空無有生，無去無來，無染無淨，無塵離塵，無我無分別，無和合無執取，平等無違，是為佛法。善男子！此諸佛法非法非非法。何以故？以諸佛法無生處故。①彼新發意菩薩聞此說已，若生驚怖，速得菩提。若起分別，作如是念：『而今我等所成菩提，隨有發心住於現證乃得菩提，若不發心終不能得。』如是分別皆不生故，菩提及心俱不可得，不可得故則無分別，若無分別則無現證。何以故？現證所因不可得故。善男子！於意云何，虛空可得菩提耶？」

答言：「不也！」

又言：「善男子！如來豈不*說一切法同虛空耶？」

答言：「如是！如是！」

又言：「善男子！如虛空菩提亦爾，如菩提虛空亦然，虛空、菩提無二無別。若菩薩知此平等，則無有知，亦無不知，亦無不見。」

說此法時，一萬四千比丘盡諸有漏，心得解脫；十二那由他比丘遠塵離垢，於諸法中得法眼淨；九萬六千眾生發菩提心，五萬二千菩薩得無生忍。

爾時，師子勇猛雷音菩薩白文殊師利言：「仁者發菩提心來為幾時耶？」

文殊師利言：「止！善男子！莫生妄念。若有於無生法中說如是言：『我發菩提心，我行菩提行。』為大邪見。善男子！我都不見有心發向菩提，以不見心及菩提故，是故無發。」

師子勇猛言：「文殊師利！都不見心，是何句義？」

文殊師利言：「善男子！是都不見，說名平等。」

又問：「云何說為平等？」

答言：「善男子！如是平等，以種種性皆無所有，彼彼諸法一味故說。一味說者，所謂離故無染無淨，不斷不常，不生不滅，無我無受，不取不捨，如是說法不念我說，亦無分別。善男子！於此平等法中，了知修行，是名平等。復次，善男子！若菩薩入此平等，都不見有種種界若一若多，於平等中不見平等，於相違中不見相違，以彼本來性清淨故。」

爾時，師子勇猛雷音菩薩白佛言：「世尊！此文殊師利不肯自說發心久近，此諸大眾皆樂欲聞。」

佛言：「善男子！文殊師利是甚深忍者，於甚深忍中菩提及心皆不可得，以不可得是故不說。然，善男子！我今當說文殊師利發心久近。善男子！過去久遠過七十萬阿僧祇恒河沙劫，有佛名雷音如來、應、正等覺出現于世。在於東方去此過七十二那由他佛剎，有世界名無生，彼雷音如來於中說法；諸聲聞眾有八十四億那由他，諸菩薩眾二倍過前。

「善男子！彼時有王名曰普覆，七寶具足，王四天下，正法理化，為法輪王，而於八萬四千歲中，以衣服、飲食、宮殿、臺觀、僮僕、給侍一一殊妙，恭敬供養雷音如來及諸菩薩、聲聞大眾。其王親族、中宮、婇女、王子、大臣唯務供養，餘無所作，雖經多歲，初無疲倦。過是已後，其王獨在靜處思惟：『我今已集廣大善根，而猶未定所迴向處。為求帝釋、大梵天王、轉輪王耶？為求聲聞、辟支佛耶？』作是念已，空中諸天告言：『大王！勿起如是狹劣之心。何以故？王之所集福德甚多，當發阿耨多羅三藐三菩提心。』善男子！時，普覆王聞是語已，歡喜念言：『我今於此決定不退。何以故？天知我心而來告我。』

「善男子！爾時，彼王與諸大眾八十億那由他百千眾生，往詣雷音佛所，頂禮雙足，右遶七匝，曲躬恭敬，合掌向佛而說頌曰：

我今問最勝，願當為我說，云何得成就，最上人中尊？
世間所依止，我已廣供養，以不決定心，未知迴向處。
已修廣大福，當何所迴向？為求梵天位，帝釋轉輪王？
為求於聲聞，及以辟支佛？我發此念時，空中天告我：
大王汝勿起，狹劣迴向心，為一切眾生，當興廣大願，
利益世間故，應發菩提心。我今請世尊，於法自在者，
願說菩提心，發起之方便。發菩提心已，當得如牟尼，
唯願兩足尊，為我具宣說。

「爾時，雷音如來為普覆王而說頌曰：

大王汝諦聽，我當次第說，一切因緣法，隨根欲所行，
如其所有願，得如是果報。我亦於往昔，發起菩提心，

為諸眾生故，　願當作利益。　如我所作願，　如昔所發心，
得不退菩提，　意願速圓滿。　大王應堅固，　修習於諸行。
汝當得廣大，　無上佛菩提。

「時，普覆王聞佛所說，歡喜踊躍得未曾有，於眾會前大師子吼而說頌曰：

今對一切眾，　發大菩提心，　為一一眾生，　誓盡未來際。
受無量生死，　而作大饒益，　備修菩薩行，　救諸眾生苦。
從今若違誓，　起於貪欲心，　及慳嫉怨恨，　則誑十方佛。
又我從今日，　乃至成菩提，　常當學諸佛，　修行於梵行。
隨順淨戒律，　遠離諸過咎，　又我於菩提，　亦不願速證。
當盡未來際，　廣利諸群生，　嚴淨諸佛剎，　無量不思議。
當今我名號，　普聞十方界，　我今自授記，　決定當成佛。
志樂勝清淨，　於此固無疑，　我當淨三業，　不令起諸惡。
我以此真實，　成佛人中尊，　若此心真實，　地當六種動。

若我語誠諦， 無有虛妄者， 當使虛空中， 音樂自然奏。
若我無諂曲， 及以怨恨心， 由此真實故， 當雨曼陀花。

「時，普覆王說此頌已，心誠實故，十方億剎六種震動，於虛空中奏諸音樂，雨曼陀羅花。時，二十億衆生隨從王者，皆大歡喜而自慶言：『我等當得最上菩提，即學彼王發菩提心。』」

佛告大衆：「爾時，普覆王者豈異人乎？今文殊師利菩薩是也。彼於往昔過七十萬阿僧祇恒河沙劫，初發菩提之心，次過六十四恒河沙劫，得無生法忍，能具足菩薩十地，如來十力，佛地諸法悉皆圓滿，而未曾起一念之心：『我當得佛。』善男子！爾時，二十億衆生隨逐彼王，於雷音佛所發菩提心者，皆由文殊師利勸發，令入布施、持戒、忍辱、精進、禪定、智慧，今並證得阿耨多羅三藐三菩提，轉大法輪，作佛事已，而般涅槃。文殊師利皆悉供養彼諸如來，亦皆護持彼諸佛法，唯有一佛號地持山，在此下方過四十恒河沙剎土，其佛世界名曰地持，亦有無數諸聲聞衆，佛壽無量，于今現在。」

說此文殊師利宿緣之時，眾中七千眾生，發阿耨多羅三藐三菩提心。

大寶積經卷第五十九

大寶積經卷第六十

大唐于闐三藏實叉難陀譯

文殊師利授記會第十五之三

爾時，師子勇猛雷音菩薩白文殊師利言：「仁者已滿足十地及如來十力，一切佛法悉皆圓滿，何故不成阿耨多羅三藐三菩提？」

文殊師利言：「善男子！無有圓滿諸佛法已更證菩提。何以故？已圓滿故，不應更證。」

師子勇猛言：「云何圓滿諸佛法耶？」

答言：「佛法圓滿如真如圓滿，真如圓滿如虛空圓滿，如是佛法、真如、虛空亦無有二。善男子！如汝所言，云何圓滿諸佛法者，如色圓滿乃至識圓滿，佛法圓滿亦復如是。」

師子勇猛言：「何者是色等圓滿？」

文殊師利言：「善男子！於意云何，汝所見色是常耶？是無常耶？」

答言：「不也！」

文殊師利言：「善男子！若法非常非無常，彼有增減耶？」

答言：「不也！」

文殊師利言：「善男子！若法不增不減是名圓滿。云何圓滿？若於諸法不能了知則生分別，若能了知則無分別，若無分別則無增減，若無增減此則平等。是故，善男子！若見色平等即是色圓滿，受、想、行、識及一切法圓滿亦復如是。」

爾時，師子勇猛雷音菩薩白文殊師利言：「仁者得法忍來，無一念心願成正覺，而今何故乃勸餘人令向菩提？」

文殊師利言：「我實不曾勸一衆生令趣菩提。何以故？衆生無所有故，衆生性自離故。若衆生可得則令向菩提，既不可得故無所勸。何以故？平等無分別故，非以平等而求平等，亦無所起。是故常說，應觀諸行，來無所從，去無所至，是名平等，則是性空，於性空中而無所求。善男子！如汝問我得忍已來，無一念心當得菩提者，善男子！汝見彼心耶？而以此心得菩提耶？」

師子勇猛言：「不也！文殊師利！何以故？以心非色不可見故，菩提亦爾，但是名想，若心名、若菩提名，皆無所有。」

文殊師利言：「善男子！如汝說我不生一念得菩提者，是密意說。何以故？以心本來無有生故，是故無生。既無有生，何得何證？」

師子勇猛問言：「云何名為平等證入？」

答言：「於諸法中無繫著者，名平等證；言證入者，彼微細智亦不生滅，與真如無異，無可分別，是名證入。若正見修行者，於平等中無一法可得，離種種性亦不著一，是名證入。若以身證諸法無相，明了彼相所謂無相，而於身心亦不執著，是則名為圓滿證入。」

師子勇猛問言：「云何名得？」

文殊師利言：「善男子！以世間言說名之為得，諸聖所得非言能說。何以故？法無依止，離言說故。復次，善男子！以無得為得，亦非得非不得，說名為得。」

爾時，師子勇猛雷音菩薩白佛言：「世尊！善哉！願說文殊師利所得佛剎。」

佛言：「善男子！汝當自問文殊師利。」

時，彼菩薩白文殊言：「仁者當得何等佛剎功德莊嚴？」

文殊師利言：「善男子！若我求菩提，汝可問其所得佛剎。」

師子勇猛言：「仁者豈不求菩提耶？」

文殊師利言：「不也！何以故？若有所求則有染著，若有所染則有貪愛，若有所愛彼則有生，彼若有生是則有愛，若有所愛，終不於中而有出離。善男子！我為是故不求菩提。何以故？菩提不可得故，以不可得是故不求。善男子！然汝問我何等佛剎仁當得者，我不能說。何以故？對於如來一切智者，說自佛剎功德莊嚴，即為菩薩自讚己德。」

佛告文殊師利：「汝可自說以何等願莊嚴佛刹，令諸菩薩聞已，決定成滿此願。」

時，文殊師利受如來教，即從座起，偏袒右肩，右膝著地，合掌白佛言：「世尊！我今承佛神力當為宣說，諸有欲求大菩提者，皆應諦聽！若聞此願，當如實學，令得圓滿。」

文殊師利當以右膝著地之時，十方各恒河沙等諸佛刹土六種震動。時，文殊師利復白佛言：「我從往昔百千億那由他阿僧祇劫已來，起如是願：我以無礙天眼，所見十方無量無邊諸佛刹中一切如來，若非是我勸發決定菩提之心，教授教誡令修布施、持戒、忍辱、精進、禪定、智慧，乃至令得阿耨多羅三藐三菩提，我於菩提終不應證；而我要當滿此所願，然後乃證無上菩提。」

時，彼衆中諸菩薩等咸作是念：「文殊師利無礙天眼見幾如來？」

是時，世尊知諸菩薩心之所念，即告師子勇猛雷音菩薩言：「善男子！譬如以此三千大千世界碎為微塵，於意云何，此諸微塵，可以算計知其數不？」

答言：「不也！世尊！」

佛言：「善男子！文殊師利無礙天眼，見於東方無量諸佛復過是數，南西北方四維上下亦復如是。」

時，文殊師利白佛言：「世尊！我有是願：以恒河沙等諸佛世界為一佛剎，無量妙寶間錯莊嚴，若不爾者，我終不證無上菩提。

「復次，世尊！我復有願：令我剎中有菩提樹，其量正等十大千界，彼樹光明遍此佛剎。

「復次，世尊！我復有願：我坐菩提樹已，證得阿耨多羅三藐三菩提乃至涅槃，於其中間不起此座，但以變化遍於十方無量無數諸佛剎土，為諸衆生而演說法。

「復次，世尊！我復有願：令我剎中無女人名，純菩薩衆，離煩惱垢具淨梵行，初生之時袈裟隨體，結加趺坐忽然而現；如是菩薩遍滿其剎，無有聲聞、辟支佛名，唯除如來之所變化，往詣十方為諸衆生說三乘法。」

爾時，師子勇猛雷音菩薩白佛言：「世尊！文殊師利當來成佛，名為何等？」

佛言：「善男子！此文殊師利成佛之時名為普見。以何義故而名普見？以彼如來於十方無量百千億那由他諸佛剎中普皆令見，若諸衆生見彼佛者，必定當得阿耨多羅三藐三菩提。普見如來雖未成佛，若我現在及滅度後有聞其名，亦皆必定當得阿耨多羅三藐三菩提，唯除已入離生之位及狹劣心者。」

文殊師利又白佛言：「世尊！我復有願：如阿彌陀佛剎以法喜為食，而我剎中菩薩初生起食念時，即便百味盈滿於鉢，在右手中。尋作是念：若未供養十方諸佛及施貧窮苦惱衆生、餓鬼等類，令其飽足，而我決定不應自食。作此念時，得五神通，乘空無礙，往於十方無量無數諸佛剎中，以食供養諸佛如來及聲聞衆，又於貧苦諸衆生類亦皆周給，復為說法令離渴愛，於一念頃還至本處。

「復次，世尊！我復有願：於我剎中諸菩薩等，初生之時所須衣服，於其手中隨意皆出種種衣寶，鮮潔稱體，應沙門服，便作是念：若未供養十方諸佛，不應自用。於一念中往詣十方無量佛剎，以此衣寶獻諸佛已，還至本處方自受用。

「復次，世尊！我復有願：我佛剎中諸菩薩眾所得財寶及諸資具，要先分施諸佛、聲聞，遍供養已然後受用。又我剎中，遠離八難及不善法。既無過咎亦無禁戒，無有苦惱諸不悅意。」

時，師子勇猛白佛言：「世尊！而彼佛剎，名為何等？」

佛言：「彼剎名隨願積集清淨圓滿。」

師子勇猛言：「世尊！彼佛世界在何方所？」

佛言：「在於南方，此娑婆世界亦當在彼佛剎之中！」

文殊師利又白佛言：「我復有願：我佛剎中積集無量妙寶所成，復以無量摩尼妙寶間錯莊嚴，其摩尼寶於十方界所未曾有，甚為難得；如是寶名，俱胝歲中說不能盡。隨諸菩薩樂見彼剎金為體者，即見為金；樂見銀體即見為銀，然於見金未曾損減；樂見頗梨、琉璃、馬碯、赤真珠等無量諸寶，各隨所見皆不相礙。如是栴檀香體、阿伽羅香乃至赤栴檀等，各隨樂見亦復如是。

「又，彼剎中不以日月、摩尼、星火等光之所照*現。彼諸菩薩皆以自身光明，照於千億那由他剎。又，彼剎中以花開為晝，花合為夜，隨諸菩薩所樂，時節即皆應之，然無寒暑及老病死。若諸菩薩隨其所樂，欲證菩提，即往餘剎，於兜率天壽盡降生而證菩提，此佛剎中無有涅槃。百千種樂於虛空中，雖不現相而聞其音；此樂不出順貪愛聲，但出諸波羅蜜、佛、法、僧聲，及菩薩藏法門之聲；隨諸菩薩所解妙法，皆悉得聞。

「又，諸菩薩若欲見佛，隨所詣處經行、坐、立，應念即覩普見如來坐菩提樹。若諸菩薩於法有疑，但見彼佛，不待解釋，疑網皆斷，解了法義。」

爾時，會中無量百千億那由他諸菩薩眾，同聲說言：「若有得聞普見佛名。彼人便得最上善利，何況生於彼佛土者！若有得聞此文殊師利授記法門，及聞文殊師利名者，是則名為面見諸佛。」

是時佛告諸菩薩言：「如是！如是！如汝所說。善男子！若有受持百千億諸佛名號，若復有稱文殊師利菩薩名者，福多於彼，何況稱於普見佛名！何以故？彼百千億那由他佛利益眾生，不及文殊師利於一劫中所作饒益。」

爾時，衆中無量百千億那由他天、龍、夜叉、乾闥婆、阿修羅、迦樓羅、緊那羅、摩睺羅伽、人非人等，同聲唱言：「南無文殊師利童真菩薩，南無普見如來、應、正等覺！」

說此語已，八萬四千億那由他衆生發阿耨多羅三藐三菩提心，無量衆生善根成熟，於三乘中得不退轉。

文殊師利又白佛言：「我復有願：如我所見無量無數百千億那由他諸佛世尊，而彼諸佛所有佛剎功德莊嚴，如是一切皆令置我一佛剎中，唯除二乘及五濁等。世尊！若我自說佛剎功德種種莊嚴，過恒沙劫亦不能盡，如我所願，唯佛能知。」

佛言：「如是！文殊師利！如來知見於三世中無有限礙。」

爾時，衆中有諸菩薩作如是念：「文殊師利所得佛剎功德莊嚴，與阿彌陀佛剎為等不耶？」

爾時，世尊知彼菩薩心之所念，即告師子勇猛言：「善男子！譬如有人析一毛為百分，以一分毛於大海中取一滴水，此一滴水喻阿彌陀佛剎莊嚴，彼大海水喻普見如來佛剎莊嚴，復過於此。何以故？普見如來佛剎莊嚴不思議故。」

爾時，師子勇猛白佛言：「世尊！如是等類佛剎莊嚴於三世佛剎頗更有不？」

佛言：「有！善男子！東方去此，過百億恒河沙世界，有佛剎名住最上願，彼中有佛，名普光常多功德海王，彼佛壽命無量無邊，常為菩薩而演說法。善男子！彼佛剎土功德莊嚴，與普見佛剎等無有異。善男子！有四菩薩被不思議弘誓之鎧，而於此願決定成滿，亦當得此佛剎莊嚴如普見如來。」

時，師子勇猛言：「願佛說彼菩薩名號及其住處，復願示彼普光常多功德海王如來佛剎，令此大衆多所利益。何以故？此諸菩薩若見聞已，於此所願當得成滿。」

佛言：「善男子！汝等諦聽！當為汝說。善男子！彼一菩薩名光明幢，在於東方無憂德佛剎；次名智上，在於南方智王如來佛剎；次名諸根寂靜，在於西方慧積如來佛剎，次名願慧，在於北方那羅延如來佛剎。」

爾時，世尊以神通力現普光常多功德海王如來佛剎，令此大會見彼如來及菩薩眾，并其佛剎功德莊嚴，昔所未見亦未曾聞！而彼一切皆不思議，無量百千億那由他寶間錯莊嚴；於一劫中說彼功德亦不能盡眾皆明見，如觀掌中菴摩勒果。彼菩薩身長四萬二千由旬，佛身長八萬四千由旬，光明洞照如閻浮檀金山，成就廣大功德莊嚴，坐大菩提樹下，諸菩薩眾恭敬圍遶，現百千億諸變化事，往詣十方諸世界中，為諸眾生而演說法。

是時，佛告諸菩薩言：「善男子！汝等見彼如來佛剎莊嚴菩薩眾耶？」時，諸大眾同聲白言：「唯然！已見。我等當學此菩薩行，如文殊師利之所修行，我等亦當成就如此莊嚴佛剎。」

爾時，世尊熙怡微笑，從其面門，放種種色光，照於無量無邊世界，照已還來，遶佛三匝，從其頂入。爾時，彌勒菩薩白佛言：「世尊！以何因緣，現此微笑？」

佛告彌勒：「此大眾中八萬四千菩薩見彼佛剎莊嚴之事，雖皆發心當欲成就如是佛剎，然於其中，有十六善大丈夫具勝志樂而發大心，彼能成滿如文殊師利所起大願。餘諸菩薩亦速當得阿耨多羅三藐三菩提，所得佛剎功德莊嚴如阿彌陀佛剎。彌勒！當知諸菩薩等志樂既勝，所成亦大。志樂勝者，言我成就如文殊師利莊嚴佛土。其餘劣者，雖以信心亦作是語，以此語業，猶能棄捨六十億百千那由他劫生死流轉，亦得圓滿五波羅蜜。」

爾時，彌勒菩薩見於四方光明幢等四大菩薩，各坐琉璃光明樓閣，有百千億諸天圍遶雨花、奏樂，現大神變，震動大地而來於此。時，彌勒菩薩即白世尊，請問其事。

佛言：「善男子！此四菩薩為見我故，四方如來各令至此。」

時，彼菩薩既到佛所，頂禮佛足，右遶三匝，退坐一面，彼四菩薩光明遍照此之大會。

爾時，世尊告諸菩薩言：「善男子！此四善大丈夫志願所趣皆不思議，應當尊重請其法要。而彼所願，於諸菩薩最為殊勝。若有善男子、善女人得見之者，必定當得阿耨多羅三藐三菩提，棄捨二十億劫生死流轉，具足圓滿五波羅蜜，若有女人聞此菩薩名者，速得捨離女人之身。」

於是世尊即攝神力，而彼佛剎忽然不現。文殊師利白佛言：「世尊！一切諸法皆悉如幻。何以故？譬如幻師幻為隱現，諸法生滅亦復如是。而此生滅即無生滅，以無生滅是則平等。菩薩修此平等，便能證得無上菩提。」

智上菩薩白文殊師利言：「於此菩提云何證得？」

文殊師利言：「此菩提者，非是可得，亦非可壞，非可住著。」

智上白言：「而此菩提非以住得，非不住得。何以故？以彼法性本來無生，非曾有，非當有，亦非可壞，是故無得。」

文殊師利謂智上等諸菩薩曰：「云何名為說一相法門？」

彌勒菩薩曰：「若有不見蘊、界、處，亦非不見，無所分別，亦不見集散，是名說一相法門。」

師子勇猛雷音菩薩曰：「若不作種種分別，此是凡夫法，此是二乘法，此則不違法性，入於一相所謂無相，是名說一相法門。」

樂見菩薩曰：「若有修真如行而亦不作真如之想，於此甚深無所分別，是名說一相法門。」

無礙辯菩薩曰：「若能究竟盡於諸法，亦以此法為他演說，是名說一相法門。」

善思菩薩曰：「若以思議入不思議，此不思議亦不可得，是名說一相法門。」

妙離塵菩薩曰：「若有不染一切相，亦非染非不染，無違無順亦無迷惑，非一非二亦非種種，不取不捨，是名說一相法門。」

娑竭羅菩薩曰：「若有能入如海難入甚深之法，而於此法亦不分別，雖為他說而無說想，是名說一相法門。」

月上菩薩曰：「若於一切眾生，心行平等，猶如滿月，無眾生想，是名說一相法門。」

離憂闇菩薩曰：「云何拔眾生憂箭？謂我、我所是彼憂根，若能住我、我所平等，是名說一相法門。」

無所緣菩薩曰：「若不攀緣欲界、色界、無色界，聲聞法、緣覺法及諸佛法，是名說一相法門。」

普見菩薩曰：「若說法時應說平等法，謂空法平等，亦無空想及平等想，是名說一相法門。」

淨三輪菩薩曰：「若說法時應淨三輪，謂所為眾生我不可得，亦不分別自為法師，於所說法而無住著，如是說法是名說一相法門。」

成就行菩薩曰：「若有能說於一切法修平等行，所知如實非文字說，以一切法離言說故，是名說一相法門。」

深行菩薩曰：「若有能說了達一切甚深之法，亦不見彼能說、所說及與所為，是名說一相法門。」

如是無量諸菩薩等，各以辯才演說一相法門。說此法門時，三十七億菩薩得無生法忍；八萬四千那由他百千眾生，發阿耨多羅三藐三菩提心；七千比丘不受諸法，盡諸有漏，心得解脫；九十六那由他諸天及人，於諸法中得法眼淨。

爾時，師子勇猛雷音菩薩白佛言：「世尊！此文殊師利久如當得阿耨多羅三藐三菩提，彼佛壽命及菩薩衆其數幾何？」

佛言：「善男子！汝當自問文殊師利。」

時，師子勇猛白文殊師利言：「仁者久如當得菩提？」

文殊師利言：「善男子！若虛空界為色身時，我乃當得無上菩提；若幻人得菩提，我乃當得；若漏盡阿羅漢即是菩提，我乃當得；若夢響光影及以化人得菩提時，我乃當得；若月照為晝，日照為夜，我乃當得阿耨多羅三藐三菩提。善男子！汝之所問應當問彼求菩提者。」

師子勇猛言：「仁者豈不求菩提耶？」

答言：「不也！何以故？文殊師利即是菩提，菩提即是文殊師利。所以者何？文殊師利但有名，菩提亦但有名，此名亦離無作故空，而彼空性即是菩提。」

爾時，佛告師子勇猛言：「汝頗見聞阿彌陀如來聲聞、菩薩諸衆會耶？」

「唯然！聞見。」

佛言：「其數幾何？」

答言：「非算數思議之所能及。」

佛言：「善男子！如摩竭國量一斛油麻，舉取一粒，喻阿彌陀佛國聲聞、菩薩；餘不舉者，喻文殊師利得菩提時菩薩衆會，復過是數。善男子！如以三千大千世界微塵數劫比普見如來壽量劫數，百分、千分、百千億分乃至算數譬喻所不能及，應知彼普見如來壽命，無有算數亦無限量。如有一人以三千大千世界碎為微塵，第二第三人亦碎大千世界以為微塵，復有一人取彼微塵，從此東行過爾所微塵數世界乃下一塵，又過爾所微塵數世界復下一塵，如是次第盡諸微塵。復有第二人，亦持爾所微塵，從此南行如前下塵，次第展轉乃至塵盡。西方、北方、四維上下各有一人，所下塵數亦復如是。善男子！是諸世界可知數不？」

答言：「不也！」

佛言：「善男子！如是諸人，於彼十方所經世界，若著微塵及不著者，盡末為塵，於意云何，是諸微塵可以算計知其數不？」

答言：「不也！世尊！若有計量，心則迷亂不能了知。」

佛言：「善男子！諸佛如來悉能了知彼微塵數，設過於此，如來亦知。」

時，彌勒菩薩白佛言：「世尊！諸菩薩等為求如是大智慧故，於大地獄無量億劫受諸極苦，終不應捨如是大智。」

佛言：「彌勒！如是！如是！如汝所說。何有於此大智慧中不生欲樂！唯除下劣及懈怠者。」

說此智時，一萬衆生發菩提心。

是時佛告師子勇猛言：「善男子！於意云何，如彼十人經十方界盡為微塵，文殊師利當於爾所微塵數劫行菩薩道，何以故？文殊師利大願不可思議，趣向亦不可思議，得菩提已壽量亦不可思議，菩薩衆會亦不可思議。」

爾時，師子勇猛白佛言：「世尊！文殊師利發趣甚大，所修之行亦復廣大，乃於爾所微塵數劫不生疲倦。」

文殊師利言：「如是！如是！善男子！如汝所說。於意云何，虛空界有如是念，度於晝夜、時節、歲月、劫數等耶？」

答言：「不也！」

文殊師利言：「如是，善男子！若有覺一切法等於虛空，彼微細智無有分別，亦無是念，度於晝夜、時節、歲月、諸劫數等。何以故？彼於諸法無想念故。善男子！如虛空界無有疲倦及熱惱想。何以故？設過恒河沙劫，而虛空界亦無生起亦無燒滅，非可破壞。何以故？以虛空界無所有故。如是，善男子！若菩薩了一切法無所有已，亦無熱惱及疲倦等。善男子！彼虛空名，亦無燒滅、熱惱、疲倦，亦不動搖，不生不老，不來不去，文殊師利名號亦爾，無有熱惱及疲倦等。何以故？名字性離故。」

說此法時，四大天王、釋提桓因、梵天王等，及餘大威德諸天子等，同聲唱言：「是諸眾生聞此法門獲大善利，何況受持讀誦！當知彼等所成善根極為廣大。世尊！我等於此法門受持讀誦、廣宣流布，為欲護持此深法故。」

爾時，師子勇猛白佛言：「世尊！若有得聞如此法門，受持讀誦思惟及發如此功德莊嚴佛剎之心，得幾所福？」

佛言：「善男子！如來以無礙佛眼所見諸佛及彼剎土，若有菩薩以妙七寶滿彼諸剎奉施供養一一如來，各盡未來際，令此菩薩安住淨戒，於一切衆生得平等心。若有菩薩，於此莊嚴功德佛剎法門受持讀誦，復能發心隨文殊師利所學，行於七步，此二功德比前七寶布施功德，百分不及一，乃至算數譬喻所不能及。」

爾時，彌勒菩薩白佛言：「世尊！當何名此法門？我等云何奉持？」

佛言：「此法門名為諸佛遊戲，亦名諸願究竟，亦名文殊師利功德莊嚴佛土，亦名令發菩提心菩薩歡喜，亦名文殊師利授記，如是受持。」

爾時，十方諸來菩薩為欲供養此法門故，而雨衆花讚言：「希有！世尊！希有！世尊！我等乃得聞是不思議文殊師利師子吼莊嚴法門。」

時，諸菩薩說是語已，各還本土。說此法時，恒河沙等菩薩得不退轉，無量衆生善根成熟。

爾時，文殊師利即入菩薩出生光明普照如幻三昧；入三昧已，令此衆會普見十方無量無邊諸佛剎中一切如來，一一佛前皆有文殊師利，說自佛剎功德莊嚴。

衆會見已，於文殊師利殊勝大願生希有心。

佛說是經已，彼一切菩薩及諸比丘、比丘尼、優婆塞、優婆夷、天龍、夜叉、乾闥婆、阿修羅、迦樓羅、緊那羅、摩睺羅伽、人非人等，聞佛所說，皆大歡喜，信受奉行。

大寶積經卷第六十

大寶積經卷第一百一十五

文殊說般若會第四十六之一

梁三藏曼陀羅仙譯

如是我聞：一時，佛在舍衛國祇樹給孤獨園，與大比丘僧滿足千人。菩薩摩訶薩十千人俱，以大莊嚴而自莊嚴，皆悉已住不退轉地，其名曰彌勒菩薩、文殊師利菩薩、無礙辯菩薩、不捨*誓菩薩，與如是等大菩薩俱。文殊師利童真菩薩摩訶薩明相現時從其住處，來詣佛所在外而立。爾時，尊者舍利弗、富樓那彌多羅尼子、大目揵連、摩訶迦葉、摩訶迦栴延、摩訶拘絺羅如是等諸大聲聞，各從住處俱詣佛所在外而立。

佛知衆會皆悉集已，爾時，如來從住處出敷座而坐，告舍利弗：「汝今何故於晨朝時在門外立？」

舍利弗白佛言：「世尊！文殊師利童真菩薩先已至此住門外立，我實於後晚來到耳。」

爾時，世尊問文殊師利：「汝實先來到此住處，欲見如來耶？」

文殊師利即白佛言：「如是，世尊！我實來此欲見如來。何以故？我樂正觀利益衆生，我觀如來如如相不異相，不動相不作相，無生相無滅相，不有相不無相，不在方不離方，非三世非不三世，非二相非不二相，非垢相非淨相，以如是等正觀如來利益衆生。」

佛告文殊師利：「若能如是見於如來，心無所取，亦無不取，非積聚非不積聚。」

爾時，舍利弗語文殊師利言：「若能如是，如汝所說，見如來者甚為希有，為一切衆生故見於如來，而心不取衆生之相，化一切衆生向於涅槃，而亦不取向於涅槃相，為一切眾生發大莊嚴，而心不見莊嚴之相。」

爾時，文殊師利童真菩薩摩訶薩語舍利弗言：「如是！如是！如汝所說。雖為一切眾生發大莊嚴，心恒不見有眾生相，為一切眾生發大莊嚴，而眾生界亦不增不減。假使一佛住世若一劫、若過一劫，如此一佛世界復有無量無邊恒河沙諸佛，如是一一佛若一劫、若過一劫，晝夜說法心不暫息，各各度於無量恒河沙眾生皆入涅槃，而眾生界亦不增不減，乃至十方諸佛世界亦復如是。一一諸佛說法教化，各度無量恒河沙眾生皆入涅槃，於眾生界亦不增不減。何以故？眾生定相不可得故，是故眾生界不增不減。」

舍利弗復語文殊師利言：「若眾生界不增不減，何以故，菩薩為諸眾生求阿耨多羅三藐三菩提，常行說法？」

文殊師利白佛言：「若諸眾生悉空相者，亦無菩薩求阿耨多羅三藐三菩提，亦無眾生而為說法。何以故？我說法中無有一法當可得故。」

爾時，佛告文殊師利：「若無眾生，云何說有眾生及眾生界？」

文殊師利言：「眾生界相如諸佛界。」
又問：「眾生界者是有量耶？」
答曰：「眾生界量如佛界量。」
又問：「眾生界量有處所不？」
答曰：「眾生界量不可思議。」
又問：「眾生界相為有住不？」
答曰：「眾生無住，猶如空住。」
佛告文殊師利：「如是修般若波羅蜜時，當云何住般若波羅蜜？」
文殊師利言：「以不住法為住般若波羅蜜。」
佛復問文殊師利：「云何不住法名住般若波羅蜜？」
文殊師利言：「以無住相即住般若波羅蜜。」
佛復告文殊師利：「如是住般若波羅蜜時，是諸善根云何增長？云何損減？」
文殊師利言：「若能如是住般若波羅蜜，於諸善根無增無減，於一切法亦無增無減，是般若波羅蜜性相亦無增無減。世尊！如是修般若波羅蜜則不捨凡夫法，亦不取賢聖法。何以故？般若波羅蜜不見有法可取可捨。如是修般若波羅蜜，亦不見涅槃可樂，生死可厭。何以故？不見生死，況復厭離！不見涅槃，何況樂著！如是修般若波羅蜜，不見垢惱可捨，亦不見功德可取，於一切法心無增減。何以故？不見法界有增減故。世尊！若能如是，是名修般若波羅蜜。世尊！不見諸法有生有滅，是修般若波羅蜜。世尊！不見諸法有增有減，是修般若波羅蜜。世尊！心無悕取，不見法相有可取者，是修般若波羅蜜。世尊！不見好醜，不生高下，不作取捨。何以故？法無好醜，離諸相故；法無高下，等法性故；法無取捨，住實際故；是修般若波羅蜜。」

佛告文殊師利：「是諸佛法得不勝乎？」

文殊師利言：「我不見諸法有勝如相，如來自覺一切法空，是可證知。」

佛告文殊師利：「如是！如是！如來正覺自證空法。」

文殊師利白佛言：「世尊！是空法中當有勝如而可得耶？」

佛言：「善哉！善哉！文殊師利！如汝所說是真法乎？」

謂文殊師利言：「阿耨多羅是名佛法。」

文殊師利言：「如佛所說，阿耨多羅是名佛法。何以故？無法可得名阿耨多羅。」

文殊師利言：「如是修般若波羅蜜，不名法器，非化凡夫法亦非佛法，非增長法，是修般若波羅蜜。復次，世尊！修般若波羅蜜時，不見有法可分別思惟。」

佛告文殊師利：「汝於佛法不思惟耶？」

文殊師利言：「不也！世尊！如我思惟不見佛法，亦不可分別是凡夫法、是聲聞法、是辟支佛法，如是名為無上佛法。復次，修般若波羅蜜時，不見凡夫相，不見佛法相，不見諸法有決定相，是為修般若波羅蜜。復次，修般若波羅蜜時，不見欲界，不見色界，不見無色界，不見寂滅界。何以故？不見有法是盡滅相，是修般若波羅蜜。復次，修般若波羅蜜時，不見作恩者，不見報恩者，思惟二相心無分別，是修般若波羅蜜。復次，修般若波羅蜜時，不見般若波羅蜜。復次，修般若波羅蜜時，不見是佛法可取，不見是凡夫法可捨，是修般若波羅蜜。復次，修般若波羅蜜時，不見凡夫法可滅，亦不見佛法而心證知，是修般若波羅蜜。」

佛告文殊師利：「善哉！善哉！汝能如是善說甚深般若波羅蜜相，是諸菩薩摩訶薩所學法印，乃至聲聞、緣覺學無學人，亦當不離是印而修道果。」

佛告文殊師利：「若人得聞是法，不驚不畏者，不從千佛所種諸善根，乃至百千萬億佛所久殖德本，乃能於是甚深般若波羅蜜不驚不怖。」

文殊師利白佛言：「世尊！我今更說般若波羅蜜義。」

佛言：「便說。」

「世尊！修般若波羅蜜時，不見法是應住是不應住，亦不見境界可取捨相。何以故？如諸如來不見一切法境界相故，乃至不見諸佛境界，況取聲聞、緣覺、凡夫境界！不取思議相，亦不取不思議相，不見諸法有若干相，自證空法不可思議。如是，菩薩摩訶薩皆已供養無量百千萬億諸佛種諸善根，乃能於是甚深般若波羅蜜不驚不怖。復次，修行般若波羅蜜時，不見縛不見解，而於凡夫乃至三乘不見差別相，是修般若波羅蜜。」

佛告文殊師利：「汝已供養幾所諸佛？」

文殊師利言：「我及諸佛如幻化相，不見供養及與受者。」

佛告文殊師利：「汝今可不住佛乘耶？」

文殊師利言：「如我思惟不見一法，云何當得住於佛乘？」

佛言：「文殊師利！汝不得佛乘乎？」

文殊師利言：「如佛乘者但有名字，非可得亦不可見，我云何得？」

佛言：「文殊師利！汝得無礙智乎？」

文殊師利言：「我即無礙，云何以無礙而得無礙？」

佛言：「汝坐道場乎？」

文殊師利言：「一切如來不坐道場，我今云何獨坐道場？何以故？現見諸法住實際故。」

佛言：「云何名實際？」

文殊師利言：「身見等是實際。」

佛言：「云何身見是實際？」

文殊師利言：「身見如相，非實非不實，不來不去，亦身非身，是名實際。」

舍利弗白佛言：「世尊！若於斯義諦了決定，是名菩薩摩訶薩。何以故？能聞如是甚深般若波羅蜜相，心不驚不怖，不沒不悔。」

彌勒菩薩白佛言：「世尊！得聞如是般若波羅蜜，具足法相，是即近於佛坐。何以故？如來現覺此法相故。」

文殊師利白佛言：「世尊！得聞甚深般若波羅蜜，能不驚不怖，不沒不悔，當知此人即是見佛。」

爾時，復有無相優婆夷白佛言：「世尊！凡夫法、聲聞法、辟支佛法、佛法，是諸法皆無相，是故於所從聞般若波羅蜜，皆不驚不怖，不沒不悔。何以故？一切諸法本無相故。」

佛告舍利弗：「善男子、善女人若聞如是甚深般若波羅蜜，心得決定，不驚不怖，不沒不悔，當知是人即住不退轉地。若人聞是甚深般若波羅蜜，不驚不怖，信樂聽受，歡欣不厭，是即具足檀波羅蜜、尸波羅蜜、羼提波羅蜜、毘梨耶波羅蜜、禪波羅蜜、般若波羅蜜，亦能為他顯示分別如說修行。」

佛告文殊師利：「汝觀何義為得阿耨多羅三藐三菩提？住阿耨多羅三藐三菩提？」

文殊師利言：「我無得阿耨多羅三藐三菩提，我不住佛乘，云何當得阿耨多羅三藐三菩提？如我所說即菩提相。」

佛讚文殊師利言：「善哉！善哉！汝能於是甚深法中巧說斯義，汝於先佛久種善根，以無相法淨修梵行。」

文殊師利言：「若見有相則言無相，我今不見有相，亦不見無相，云何而言以無相法淨修梵行？」

佛告文殊師利：「汝見聲聞戒耶？」

答曰：「見。」

佛言：「汝云何見？」

文殊師利言：「我不作凡夫見，不作聖人見，不作學見，不作無學見，不作大見，不作小見，不作調伏見，不作不調伏見，非見非不見。」

舍利弗語文殊師利言：「汝今如是觀聲聞乘，若觀佛乘當復云何？」

文殊師利言：「不見菩薩法，不見修行菩提及證菩提者。」

舍利弗語文殊師利言：「云何名佛？云何觀佛？」

文殊師利言：「云何為我？」

舍利弗言：「我者但有名字，名字相空。」

文殊師利言：「如是！如是！如我但有名字，佛亦但有名字，名字相空即是菩提，不以名字而求菩提，菩提之相無言無說。何以故？言說菩提二俱空故。復次，舍利弗！汝問云何名佛，云何觀佛者，不生不滅，不來不去，非名非相，是名為佛。如自觀身實相，觀佛亦然，唯有智者，乃能知耳，是名觀佛。」

大寶積經卷第一百一十五

大寶積經卷第一百一十六

梁三藏曼陀羅仙譯

文殊師利說般若會第四十六之二

爾時，舍利弗白佛言：「世尊！如文殊師利所說般若波羅蜜，非初學菩薩所能了知。」

文殊師利言：「非但初學菩薩所不能知，及諸二乘所作已辦者亦未能了知。如是說法無能知者。何以故？菩提之相，實無有法而可知故，無見無聞，無得無念，無生無滅，無說無聽。如是菩提性相空寂，無證無知，無形無相，云何當有得菩提者？」

舍利弗語文殊師利言：「佛於法界不證阿耨多羅三藐三菩提耶？」

文殊師利言：「不也！舍利弗！何以故？世尊即是法界，若以法界證法界者，即是諍論。舍利弗！法界之相即是菩提。何以故？是法界中無衆生相故，一切法空故，一切法空即是菩提，無二無分別故。舍利弗！無分別中則無知者，若無知者，即無言無說，無言說相，即非有非無，非知非不知，一切諸法亦復如是。何以故？一切諸法不見處所、決定性故，如逆罪相不可思議。何以故？諸法實相不可壞故，如是逆罪亦無本性，不生天上不墮地獄，亦不入涅槃。何以故？一切業緣皆住實際，不來不去，非因果非不因果。何以故？法界無邊，無前無後故。是故，舍利弗！若見犯重比丘不墮地獄，清淨行者不入涅槃，如是比丘非應供非不應供，非盡漏非不盡漏。何以故？於諸法中住平等故。」

舍利弗言：「云何名不退法忍？」

文殊師利言：「不見少法有生滅相，名不退法忍。」

舍利弗言：「云何復名不調比丘？」

文殊師利言：「漏盡阿羅漢是名不調。何以故？諸結已盡更無所調，故名不調。若過心行名為凡夫。何以故？凡夫眾生不順法界，是故名過。」

舍利弗言：「善哉！善哉！汝今為我善解漏盡阿羅漢義。」

文殊師利言：「如是！如是！我即漏盡真阿羅漢。何以故？斷求聲聞欲及辟支佛欲，以是因緣故，名漏盡得阿羅漢。」

佛告文殊師利：「諸菩薩等坐道場時，覺悟阿耨多羅三藐三菩提不？」

文殊師利言：「菩薩坐於道場，無有覺悟阿耨多羅三藐三菩提。何以故？如菩提相，無有少法而可得者，名阿耨多羅三藐三菩提。無相菩提，誰能坐者？亦無起者！以是因緣，不見菩薩坐於道場，亦不覺證阿耨多羅三藐三菩提。」

文殊師利白佛言：「世尊！菩提即五逆，五逆即菩提。何以故？菩提五逆無二相故，無覺無覺者，無見無見者，無知無知者，無分別無分別者，如是之相名為菩提，見五逆相亦復如是。若言見有菩提而取證者，當知此輩即是增上慢人。」

爾時，世尊告文殊師利：「汝言我是如來，亦謂我為如來乎？」

文殊師利言：「不也！世尊！我不謂如來為如來耶？無有如相可名為如，亦無如來智能知於如。何以故？如來及智無二相故，空為如來，但有名字，我當云何謂是如來？」

佛告文殊師利：「汝疑如來耶？」

文殊師利言：「不也！世尊！我觀如來無決定性，無生無滅故無所疑。」

佛告文殊師利：「汝今不謂如來出現於世耶？」

文殊師利言：「若有如來出現世者，一切法界亦應出現。」

佛告文殊師利：「汝謂恒沙諸佛入涅槃耶？」

文殊師利言：「諸佛一相不可思議。」

佛語文殊師利：「如是！如是！佛是一相不思議相。」

文殊師利白佛言：「世尊！佛今住世耶？」

佛語文殊師利：「如是！如是！」

文殊師利言：「若佛住世，恒沙諸佛亦應住世。何以故？一切諸佛皆同一相不思議相，不思議相者無生無滅，若未來諸佛出興於世，一切諸佛亦皆出世。何以故？不思議中，無過去、未來、現在相，但眾生取著謂有出世，謂佛滅度。」

佛語文殊師利：「此是如來、阿羅漢、阿鞞跋致菩薩所解。何以故？是三種人聞甚深法，能不誹謗亦不讚歎。」

文殊師利白佛言：「世尊！如是不思議，誰當誹謗？誰當讚歎？」

佛告文殊師利：「如來不思議，凡夫亦不思議。」

文殊師利白佛言：「世尊！凡夫亦不思議耶？」

佛言：「亦不思議。何以故？一切心相皆不思議。」

文殊師利言：「若如是說如來不思議，凡夫亦不思議，今無數諸佛，求於涅槃徒自疲勞。何以故？不思議法即是涅槃，等無異故。」

文殊師利言：「如是凡夫不思議，諸佛不思議，若善男子、善女人久習善根近善知識，乃能了知。」

佛告文殊師利：「汝欲使如來於諸眾生為最勝耶？」

文殊師利言：「我欲使如來於諸衆生為最第一，但衆生相亦不可得。」
佛言：「汝欲使如來得不思議法耶？」
文殊師利言：「欲使如來得不思議法，而於諸法無成就者。」
佛告文殊師利：「◎汝欲使如來說法教化耶？」
文殊師利白佛言：「欲使如來說法教化，而是說*者聽者皆不可得。何以故？住法界故，法界衆生無差別相。」
佛告文殊師利：「汝欲使如來為無上福田耶？」
文殊師利言：「如來是無盡福田是無盡相，無盡相即無上福田，非福田非不福田，是名福田。無有明闇生滅等相，是名福田。若能如是解福田相，深殖善種，亦無增無減。」
佛告文殊師利：「云何殖種不增不減？」
文殊師利言：「福田之相不可思議，若人於中如法修善，亦不可思議，如是殖種名無增無滅，亦是無上最勝福田。」

爾時，大地以佛神力，六種振動現無常相，一萬六千人皆得無生法忍，七百比丘、三千優婆塞、四萬億優婆夷、六千億那由他六欲諸天遠塵離垢，於諸法中得法眼淨。

爾時，阿難從坐而起，偏袒右肩，右膝著地，白佛言：「世尊！何因緣故，如是大地六種振動？」

佛告阿難：「我說福田無差別相，故現斯瑞，往昔諸佛亦於此處，作如是說福田之相，利益衆生，一切世界六種振動。」

舍利弗白佛言：「世尊！文殊師利是不可思議。何以故？所說法相不可思議。」

佛告文殊師利：「如是！如是！如舍利弗言，汝之所說實不思議。」

文殊師利白佛言：「世尊！不思議不可說，思議亦不可說，如是思議不思議性，俱不可說，一切聲相非思議，亦非不可思議。」

佛言：「汝入不思議三昧耶？」

文殊師利言：「不也！世尊！我即不思議，不見有心能思議者，云何而言入不思議三昧？我初發心欲入是定，而今思惟，實無心相而入三昧，如人學射久習則巧，後雖無心，以久習故箭發皆中，我亦如是，初學不思議三昧，繫心一緣，若久習成就，更無心想恒與定俱。」

舍利弗語文殊師利言：「更有勝妙寂滅定不？」

文殊師利言：「若有不思議定者，汝可問言：『更有寂滅定不？』如我意解，不可思議定尚不可得，云何問有寂滅定乎？」

舍利弗言：「不思議定不可得耶？」

文殊師利言：「思議定者是可得相，不思議定者不可得相，一切衆生實成就不思議定。何以故？一切心相即非心故，是名不思議定。是故，一切衆生相及不思議三昧相，等無分別。」

佛讚文殊師利言：「善哉！善哉！汝於諸佛久殖善根淨修梵行，乃能演說甚深三昧，汝今安住如是般若波羅蜜中。」

文殊師利言：「若我住般若波羅蜜中，能作是說，即是有想，便住我想，若住有想、我想中者，般若波羅蜜便有處所，般若波羅蜜若住於無，亦是我想亦名處所。離此二處，住無所住，如諸佛住，安處寂滅非思議境界，如是不思議，名般若波羅蜜住處。般若波羅蜜處一切法無相，一切法無作，般若波羅蜜即不思議，不思議即法界，法界即無相，無相即不思議，不思議即般若波羅蜜，般若波羅蜜即法界，無二無別，無二無別即法界，法界即無相，無相即般若波羅蜜界，般若波羅蜜界即不思議界，不思議界即無生無滅界，無生無滅界即不思議界。」

文殊師利言：「如來界及我界即不二相，如是修般若波羅蜜者則不求菩提。何以故？菩提相離，即是般若波羅蜜故。世尊！若知我相而不可著，無知無著，是佛所知不可思議，無知無著即佛所知。何以故？知體本性無所有相，云何能轉法界？若知本性無體無著者，即名無物，若無有物，是無處所無依無住，無依無住即無生無滅，無生無滅即是有為無為功德，若如是知則無心想。無心想者，云何當知有為無為功德？無知即不思議，不思議者是佛所知，亦無取無不取，不見三世去來等相，不取生滅及諸起作，亦不斷不常。如是知者，是名正智不思議智，如虛空無此無彼不可比類，無好惡無等等，無相無貌。」

佛告文殊師利：「若如是知名不退智。」

文殊師利言：「無作智名不退智，猶如金鑛先加鎚打方知好惡，若不治打無能知者，不退智相亦復如是。要行境界，不念不著，無起無作，具足不動不生不滅，爾乃顯現。」

爾時，佛告文殊師利言：「如諸如來自說己智，誰當能信？」

文殊師利言：「如是，智者非涅槃法非生死法，是寂滅行是無動行，不斷貪欲、瞋恚、愚癡，亦非不斷。何以故？無盡無滅，不離生死，亦非不離，不修道非不修道，作是解者名為正信。」

佛告文殊師利言：「善哉！善哉！如汝所說，深解斯義。」

爾時，摩訶迦葉白佛言：「世尊！於當來世，若說如是甚深正法，誰能信解如聞受行？」

佛告迦葉：「今此會中比丘、比丘尼、優婆塞、優婆夷得聞此經者，如是人等於未來世，若聞是法必能信解，於甚深般若波羅蜜乃能讀誦信解受持，亦能為他人分別演說；譬如長者失摩尼寶憂愁苦惱，後若還得心甚歡喜。如是，迦葉！比丘、比丘尼、優婆塞、優婆夷等亦復如是，有信樂心，若不聞法則生苦惱，若得聞時信解受持，常樂讀誦甚大歡喜，當知此人即是見佛，亦即親近供養諸佛。」

佛告迦葉：「譬如忉利天上波利質多羅樹*胞初出時，是中諸天見是樹已，皆大歡喜，此樹不久必當開敷；若比丘、比丘尼、優婆塞、優婆夷得聞般若波羅蜜，能生信解，亦復如是，此人不久亦當開敷一切佛法。於當來世有比丘、比丘尼、優婆塞、優婆夷聞般若波羅蜜，信受讀誦心不悔沒，當知是人已從此會聽受是經，亦能為人聚落城邑廣說流布，當知是人佛所護念，如是甚深般若波羅蜜中，有能信樂心無疑惑者。是善男子、善女人於過去諸佛，久已修學殖諸善根，譬如有人以手穿珠，忽遇無上真摩尼寶，心大歡喜，當知是人必已曾見。如是，迦葉！若善男子、善女人修學餘法，忽然得聞甚深般若波羅蜜，能生歡喜亦復如是，當知此人已曾聞故。

「若有衆生得聞甚深般若波羅蜜，心能信受生大歡喜，如是人等亦曾親近無數諸佛，從聞般若波羅蜜已修學故。譬如有人先所遙見城邑聚落，後若聞人讚歎彼城所有園苑種種池泉花果林樹，男女人民皆可愛樂，是人聞已即大歡喜，更勸令說是城園苑衆好嚴飾，雜花池泉多諸甘果，種種珍妙一切愛樂，是人得聞重甚歡喜，如是之人皆曾見故。若善男子、善女人有聞般若波羅蜜，信心聽受能生歡喜，樂聞不厭而更勸說，當知此輩已從文殊師利曾聞如是深般若波羅蜜故。」

迦葉白佛言：「世尊！若將來世善男子、善女人得聞是甚深般若波羅蜜，信樂聽受，以是相故，當知此人亦於過去佛所曾聞修學。」

文殊師利白佛言：「世尊！佛說諸法無作、無相、第一寂滅，若善男子、善女人有能如是諦了斯義如聞而說，為諸如來之所讚歎，不違法相，是即佛說亦是熾然，般若波羅蜜相亦名熾然，具足佛法通達實相不可思議。」

佛告文殊師利：「我本行菩薩道時修諸善根，欲住阿鞞跋致地，當學般若波羅蜜；欲成阿耨多羅三藐三菩提，當學般若波羅蜜。若善男子、善女人欲解一切法相，欲知一切眾生心界皆悉同等，當學般若波羅蜜。文殊師利！欲學一切佛法具足無礙，當學般若波羅蜜；欲學一切佛成阿耨多羅三藐三菩提時，相好威儀無量法式，當學般若波羅蜜；欲知一切佛不成阿耨多羅三藐三菩提一切法式及諸威儀，當學般若波羅蜜。何以故？是空法中不見諸佛菩提等故。若善男子、善女人欲知如是等相無疑惑者，當學般若波羅蜜。何以故？般若波羅蜜不見諸法若生若滅，若垢若淨。是故，善男子、善女人應作如是學般若波羅蜜。

「欲知一切法無過去、未來、現在等相，當學般若波羅蜜。何以故？法界性相無三世故。欲知一切法同入法界心無罣礙，當學般若波羅蜜；欲得三轉十二行法輪，亦自證知而不取著，當學般若波羅蜜；欲得慈心遍覆一切眾生而無限齊，亦不作念有眾生相，當學般若波羅蜜；欲得於一切眾生不起諍論，亦復不取無諍論相，當學般若波羅蜜；欲知是處非處、十力、無畏，住佛智慧得無礙辯，當學般若波羅蜜。」

爾時，文殊師利白佛言：「世尊！我觀正法，無為無相，無得無利，無生無滅，無來無去，無知者，無見者，無作者，不見般若波羅蜜，亦不見般若波羅蜜境界，非證非不證，不作戲論，無有分別，一切法無盡離盡，無凡夫法，無聲聞法，無辟支佛法，佛法非得非不得，不捨生死不證涅槃，非思議非不思議，非作非不作。法相如是，不知云何當學般若波羅蜜？」

爾時，佛告文殊師利：「若能如是知諸法相，是名學般若波羅蜜。菩薩摩訶薩若欲學菩提自在三昧，得是三昧已，照明一切甚深佛法及知一切諸佛名字，亦悉了達諸佛世界無有障礙，當如文殊師利所說般若波羅蜜中學。」

文殊師利白佛言：「世尊！何故名般若波羅蜜？」

佛言：「般若波羅蜜無邊無際，無名無相，非思量，無歸依，無洲無渚，無犯無福，無晦無明，如法界無有分齊，亦無限數，是名般若波羅蜜，亦名菩薩摩訶薩行處，非行處非不行處，悉入一乘名非行處。何以故？無念無作故。」

文殊師利白佛言：「世尊！當云何行能速得阿耨多羅三藐三菩提？」

佛言文殊師利：「如般若波羅蜜中所說行，能速得阿耨多羅三藐三菩提。復有一行三昧，若善男子、善女人修是三昧者，亦速得阿耨多羅三藐三菩提。」

文殊師利言：「世尊！云何名一行三昧？」

佛言：「法界一相，繫緣法界，是名一行三昧。若善男子、善女人欲入一行三昧，當先聞般若波羅蜜，如說修學，然後能入一行三昧，如法界緣，不退不壞，不思議無礙無相。善男子、善女人欲入一行三昧，應處空閑，捨諸亂意，不取相貌，繫心一佛，專稱名字，隨佛方所，端身正向，能於一佛念念相續，即是念中，能見過去、未來、現在諸佛。何以故？念一佛功德無量無邊，亦與無量諸佛功德無二，不思議佛法等無分別，皆乘一如成最正覺，悉具無量功德無量辯才，如是入一行三昧者，盡知恒沙諸佛法界無差別相。阿難所聞佛法，得念總持辯才智慧，於聲聞中雖為最勝，猶住量數則有限礙，若得一行三昧，諸經法門一一分別，皆悉了知決定無礙，晝夜常說，智慧辯才終不斷絕，若比阿難多聞辯才，百千等分不及其一。菩薩摩訶薩應作是念：『我當云何逮得一行三昧不可思議功德無量名稱？』」

佛言：「菩薩摩訶薩當念一行三昧，常勤精進而不懈怠，如是次第漸漸修學，則能得入一行三昧不可思議功德作證，除謗正法不信惡業重罪障者所不能入。復次，文殊師利！譬如有人得摩尼珠示其珠師，珠師答言：『此是無價真摩尼寶。』即求師言：『為我治磨，勿失光色。』珠師治已，隨其磨時，珠色光明映徹表裏。文殊師利！若有善男子、善女人修學一行三昧不可思議功德無量名稱，隨修學時知諸法相，明達無礙功德增長，亦復如是。

「文殊師利！譬如日輪光明遍滿無有滅相，若得一行三昧，悉能具足一切功德無有缺少，亦復如是照明佛法如日輪光。文殊師利！我所說法皆是一味、離味、解脫味、寂滅味，若善男子、善女人得是一行三昧者，其所演說亦是一味、離味、解脫味、寂滅味，隨順正法無錯謬相。文殊師利！若菩薩摩訶薩得是一行三昧，皆悉滿足助道之法，速得阿耨多羅三藐三菩提。

「復次，文殊師利！菩薩摩訶薩不見法界有分別相及以一相，速得阿耨多羅三藐三菩提相不可思議，是菩提中亦無得佛，如是知者，速得阿耨多羅三藐三菩提。若信一切法悉是佛法，不生驚怖亦不疑惑，如是忍者，速得阿耨多羅三藐三菩提。」

文殊師利白佛言：「世尊！以如是因，速得阿耨多羅三藐三菩提耶？」

佛言：「得阿耨多羅三藐三菩提，不以因得不以非因得。何以故？不思議界不以因得不以非因得。若善男子、善女人聞如是說不生懈怠，當知是人已於先佛種諸善根。是故，比丘、比丘尼聞說是甚深般若波羅蜜，不生驚怖，即是從佛出家；若優婆塞、優婆夷得聞如是甚深般若波羅蜜，心不驚怖，即是成就真歸依處。文殊師利！若善男子、善女人不習甚深般若波羅蜜，即是不修佛乘。譬如大地一切藥木皆依地生長，文殊師利！菩薩摩訶薩亦復如是，一切善根皆依般若波羅蜜而得增長，於阿耨多羅三藐三菩提不相違背。」

爾時，文殊師利白佛言：「世尊！此閻浮提城邑聚落，當於何處演說如是甚深般若波羅蜜？」

佛告文殊師利：「今此會中若有人聞般若波羅蜜，皆發誓言：『於未來世常得與般若波羅蜜相應。』從是信解，未來世中能聽是經，當知是人不從餘小善根中來，所能堪受聞已歡喜。文殊師利！若復有人從汝聽是般若波羅蜜，應作是言：『此般若波羅蜜中無聲聞、辟支佛、⊙菩薩☆法、佛法，亦無凡夫生滅等法。』」

文殊師利白佛言：「世尊！若比丘、比丘尼、優婆塞、優婆夷來問我言：『云何如來說般若波羅蜜？』我當答言：『一切說法無諍論相，云何如來當說般若波羅蜜？何以故？不見有法可與諍論，亦無眾生心識能知。』復次，世尊！我當更說究竟實際。何以故？一切法相同入實際，阿羅漢無別勝法。何以故？阿羅漢法、凡夫法不一不異故。復次，世尊！如是說法，無有眾生已得涅槃，今得、當得。何以故？無有決定眾生相故。」

文殊師利言：「若人欲聞般若波羅蜜，我當作如是說：『其有聽者，不念不著，無聞無得，當如幻人無所分別，如是說者是真說法。是故聽者莫作二相，不捨諸見而修佛法，不取佛法不捨凡夫法。何以故？佛及凡夫二法相空，無取捨故。』若人問我，當作是說，如是安慰，如是建立：善男子、善女人應如是問，作如是住，心不退沒，當知法相隨順般若波羅蜜說。」

爾時，世尊讚歎文殊師利：「善哉！善哉！如汝所說。若善男子、善女人欲見諸佛，應學如是般若波羅蜜；欲親近諸佛如法供養，應學如是般若波羅蜜；若欲言如來是我世尊，應學如是般若波羅蜜；若言如來非我世尊，亦應學如是般若波羅蜜；若欲成阿耨多羅三藐三菩提，亦應學如是般若波羅蜜；若欲不成阿耨多羅三藐三菩提，亦應學如是般若波羅蜜；若欲成就一切三昧，亦應學如是般若波羅蜜；若欲不成就一切三昧，亦應學如是般若波羅蜜。何以故？無作三昧無異相故，一切法無生無出故。若欲知一切法假名，應學如是般若波羅蜜；若欲知一切眾生修菩提道，不求菩提相，心不退沒，應學如是般若波羅蜜。何以故？一切法皆菩提相故。若欲知一切眾生行非行相，非行即菩提，菩提即法界，法界即實際，心不退沒，應學如是般若波羅蜜；若欲知一切如來，神通變化無相無礙，亦無方所，應學如是般若波羅蜜。」

佛告文殊師利：「若比丘、比丘尼、優婆塞、優婆夷欲得不墮惡趣，當學般若波羅蜜，一四句偈受持讀誦，為他解說隨順實相，如是善男子、善女人當知決定得阿耨多羅三藐三菩提，則住佛國。若聞如是般若波羅蜜，不驚不畏，心生信解，當知此輩佛所印可，是佛所行大乘法印。若善男子、善女人學此法印，超過惡趣，不入聲聞、辟支佛道，以超過故。」

爾時，帝釋三十三天以天妙花、優鉢羅花、拘物頭花、分陀利花、天曼陀羅花等，天栴檀香及餘末香、種種金寶作天伎樂，為供養般若波羅蜜并諸如來及文殊師利，以散其上。作是供養已：「願我常聞般若波羅蜜法印。」釋提桓因復作是願：「願閻浮提善男子、善女人常使得聞是經，決定佛法皆令信解，受持讀誦為人演說，一切諸天為作擁護。」

爾時，佛告釋提桓因言：「憍尸迦！如是！如是！善男子、善女人當得決定諸佛菩提。」

文殊師利白佛言：「世尊！如是受持善男子、善女人得大利益功德無量。」

爾時，以佛神力，一切大地六反震動，佛時微笑，放大光明遍照三千大千世界。

文殊師利白佛言：「世尊！即是如來印般若波羅蜜相。」

佛言文殊師利：「如是！如是！說般若波羅蜜已，皆現此瑞，為印般若波羅蜜故，使人受持令無讚毀。何以故？無相法印不可讚毀，我今以是法印令諸天魔不能得便。」

佛說是經已，爾時，諸大菩薩及四部眾聞說般若波羅蜜，歡喜奉行。

大寶積經卷第一百一十六

文殊師利所說不思議佛境界經

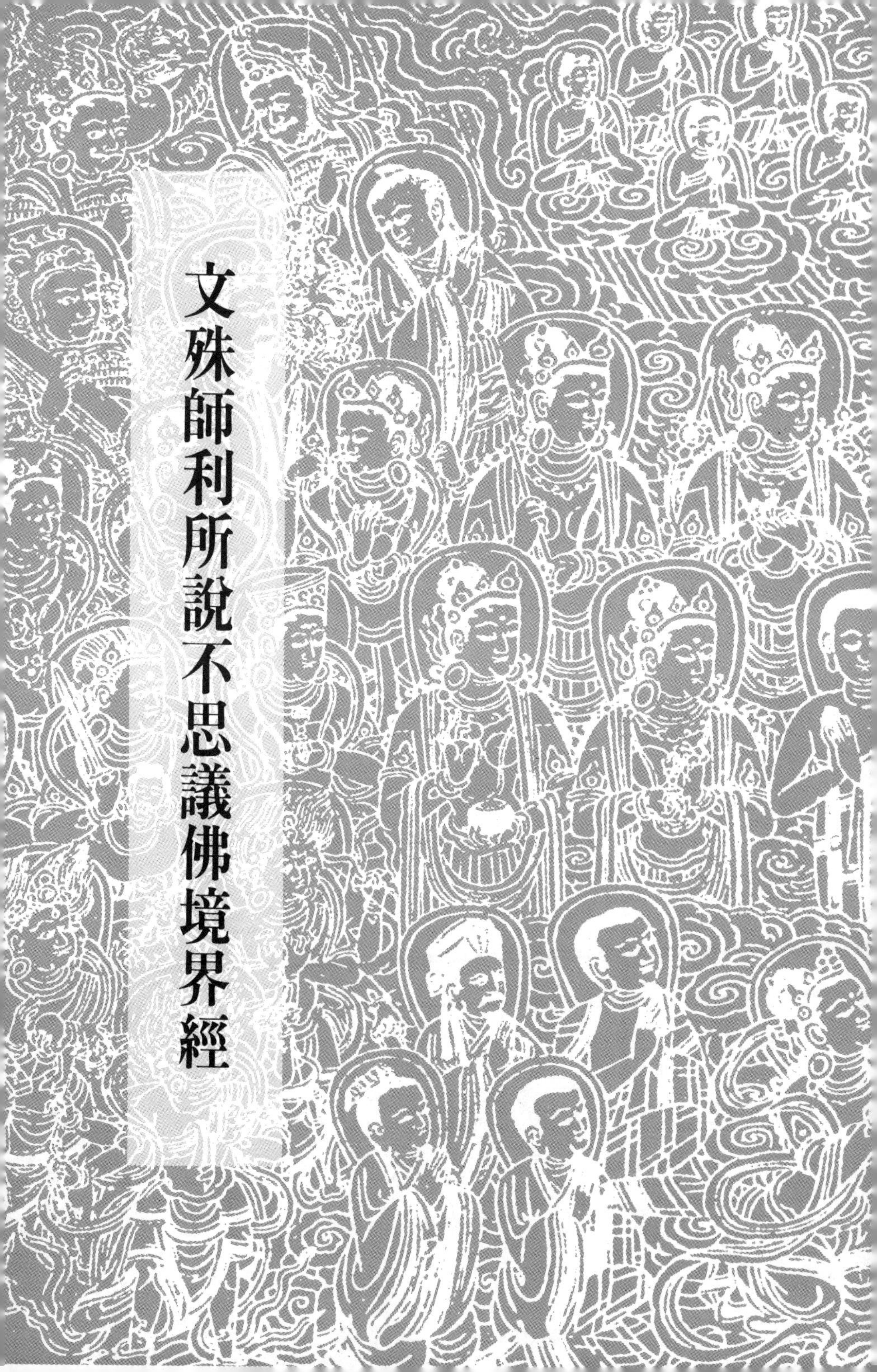

文殊師利所說不思議佛境界經卷上

唐天竺三藏菩提流志奉　詔譯

如是我聞：一時，佛在舍衛國祇樹給孤獨園，與大比丘衆一千人，菩薩十千人俱；復有欲界諸天子、色界諸天子及淨居天子，并其眷屬，無量百千周匝圍繞，供養恭敬聽佛說法。

爾時，佛告文殊師利菩薩言：「童子！汝有辯才，善能開演，汝今應為菩薩大衆宣揚妙法。」

時，文殊師利菩薩白佛言：「世尊！佛今令我說何等法？」

佛言：「童子！汝今應說諸佛境界。」

文殊師利菩薩言：「世尊！佛境界者，非眼境界，非色境界；非耳境界，非聲境界；非鼻境界，非香境界；非舌境界，非味境界；非身境界，非觸境界；非意境界，非法境界；無如是等差別境界，是乃名為諸佛境界。世尊！善男子、善女人有欲入於佛境界者，以無所入而為方便，乃能悟入。」

爾時，文殊師利菩薩白佛言：「世尊！如來於何等境界而得菩提？」佛言：「童子！我於空境界得菩提，諸見平等故；無相境界得菩提，諸相平等故；無願境界得菩提，三界平等故；無作境界得菩提，諸行平等故。童子！我於無生、無起、無為境界得菩提，一切有為平等故。」

時，文殊師利菩薩復白佛言：「世尊！無為者是何境界？」佛言：「童子！無為者非思量境界。」

文殊師利菩薩言：「世尊！非思量境界者是佛境界。何以故？非思量境界中無有文字；無文字故，無所辯說；無所辯說故，絕諸言論；絕諸言論者，是佛境界也。」

爾時，世尊問文殊師利菩薩言：「童子！諸佛境界當於何求？」

文殊師利菩薩言：「世尊！諸佛境界當於一切眾生煩惱中求。所以者何？若正了知眾生煩惱，即是諸佛境界故。此正了知眾生煩惱，是佛境界，非是一切聲聞、辟支佛所行之處。」

爾時，世尊復語文殊師利菩薩言：「童子！若佛境界即於一切眾生煩惱中求者，諸佛境界有去來乎？」

文殊師利菩薩言：「不也！世尊！諸佛境界無來無去。」

佛言：「童子！若諸佛境界無來無去者，云何而言若正了知眾生煩惱即是諸佛境界耶？」

文殊師利菩薩言：「世尊！如諸佛境界無來無去，諸煩惱自性亦復如是無來無去。」

佛言：「童子！何者是諸煩惱自性？」

文殊師利菩薩言：「世尊！佛境界自性即是諸煩惱自性。世尊！若佛境界自性異諸煩惱自性者，如來則非平等正覺；以不異故，於一切法平等正覺，說名如來。」

爾時，世尊復語文殊師利菩薩言：「童子！汝能了知如來所住平等法不？」

文殊師利菩薩言：「世尊！我已了知。」

佛言：「童子！何者是如來所住平等法？」

文殊師利菩薩言：「世尊！一切凡夫起貪、瞋、癡處，是如來所住平等法。」

佛言：「童子！云何一切凡夫起貪、瞋、癡處，是如來所住平等法？」

文殊師利菩薩言：「世尊！一切凡夫於空、無相、無願法中起貪、瞋、癡，是故一切凡夫起貪、瞋、癡處，即是如來所住平等法。」

佛言：「童子！空豈是有法，而言於中有貪、瞋、癡？」

文殊師利菩薩言：「世尊！空是有，是故貪、瞋、癡亦是有。」

佛言：「童子！空云何有？貪、瞋、癡復云何有？」

文殊師利菩薩言：「世尊！空以言說故有，貪、瞋、癡亦以言說故有。如佛說比丘有無生、無起、無作、無為、非諸行法，此無生、無起、無作、無為、非諸行法非不有；若不有者，則於生、起、作、為、諸行之法應無出離，以有故言出離耳。此亦如是，若無有空，則於貪、瞋、癡無有出離；以有空故，說離貪等諸煩惱耳。」

佛言：「童子！如是！如是！如汝所說。貪、瞋、癡等一切煩惱，莫不皆住於空之中。」

文殊師利菩薩復白佛言：「世尊！若修行者離貪、瞋等而求於空，當知是人未善修行，不得名為修行之者。何以故？貪、瞋、癡等一切煩惱*性即空故。」

爾時，世尊復語文殊師利菩薩言：「童子！汝於貪、瞋、癡為已出離，為未離乎？」

文殊師利菩薩言：「世尊！貪、瞋、癡性即是平等，我常住於如是平等。是故，我於貪、瞋、癡非已出離，亦非未離。世尊！若有沙門、婆羅門自見離貪、瞋、癡，見他有貪、瞋、癡，即是二見。何謂二見？謂斷見、常見。所以者何？若見自身離貪、瞋、癡即是斷見，若見他身有貪、瞋、癡即是常見。世尊！如是之人非為正住，夫正住者，不應於己見勝，謂他為劣故。」

爾時，世尊復語文殊師利菩薩言：「童子！若如是者住於何所名為正住？」

文殊師利菩薩言：「世尊！夫正住者無有所住，住無所住，是乃名為正住之耳。」

佛言：「童子！豈不以住於正道為正住耶？」

文殊師利菩薩言：「世尊！若住正道則住有為，若住有為，則不住於平等法性。何以故？有為法有生滅故。」

爾時，世尊復語文殊師利菩薩言：「童子！無為是數法不？」

文殊師利菩薩言：「世尊！無為者非是數法。世尊！若無為法墮於數者，則是有為，非無為也。」

佛言：「童子！一切聖人得無為法，不有數耶？」

文殊師利菩薩言：「世尊！非諸聖人證於數法，已得出離諸數法故。」

爾時，世尊復語文殊師利菩薩言：「童子！汝為成就聖法？為成就非聖法？」

文殊師利菩薩言：「世尊！我不成就聖法，亦不成就非聖法。世尊！如有化人，為成就聖法？為成就非聖法？」

佛言：「童子！化人不可言成就聖法，亦不可言成就非聖法。」

文殊師利菩薩言：「世尊！佛豈不說一切諸法皆如幻化？」

佛言：「如是！」

文殊師利菩薩言：「世尊！一切諸法如幻化相，我亦如是，云何可言成就聖法，成就非聖法？」

爾時，世尊復語文殊師利菩薩言：「童子！若如是者，汝何所得？」

文殊師利菩薩言：「世尊！我得如來平等無自性境界。」

佛言：「童子！汝得佛境界耶？」

文殊師利菩薩言：「若世尊於佛境界有所得者，我亦得於諸佛境界。」

時，長老須菩提問文殊師利菩薩言：「大士！如來不得佛境界耶？」

文殊師利菩薩言：「大德！汝為得聲聞境界不？」

須菩提言：「大士！聖心解脫無有境界，是故我今無境界可得。」

文殊師利菩薩言：「大德！佛亦如是。其心解脫無有境界，云何而謂有所得乎！」

須菩提言：「大士！汝今說法可不將護初學心耶？」

文殊師利菩薩言：「大德！我今問汝，隨汝意答。如有良醫欲治人病，為將護病人心故，不與辛酸鹹苦應病之藥，能令其人病得除差至安樂不？」

答言：「不也！」

文殊師利菩薩言：「大德！此亦如是。若說法師為將護初學心故，隱甚深法而不為說，隨其意欲演俺淺義，能令學者出生死苦至涅槃樂，無有是處。」

說是法時，衆中有五百比丘僧，諸漏永盡，心得解脫；八百諸天子，遠塵離垢，得法眼淨。復有七百諸天子聞其辯才，深生信樂，皆發阿耨多羅三藐三菩提心。

爾時，須菩提復白文殊師利菩薩言：「大士！汝頗亦於聲聞乘而生信解，又以此乘法度衆生不？」

文殊師利菩薩言：「大德！我於一切乘皆生信解！大德！我信解聲聞乘，亦信解辟支佛乘，亦信解三藐三佛陀乘。」

須菩提言：「大士！汝為是聲聞，為是辟支佛，為是三藐三佛陀耶？」

文殊師利菩薩言：「大德！我雖是聲聞，然不從他聞；雖是辟支佛，而不捨大悲及無所畏；雖已成正等覺，而於一切所應作事未嘗休息。」

須菩提又問言：「大士！汝云何是聲聞？」

答曰：「我恒為一切衆生說未聞法，是故我為聲聞。」

又問言：「汝云何是辟支佛？」

答曰：「我能了知一切諸法皆從緣起，是故我為辟支佛。」

又問言：「汝云何是三藐三佛陀？」

答曰：「我常恒覺一切諸法體相平等，是故我為三藐三佛陀。」

爾時，須菩提又問言：「大士！汝決定住於何地？為住聲聞地，為住辟支佛地，為住佛地耶？」

文殊師利菩薩言：「大德！汝應知我決定住於一切諸地。」

須菩提言：「大士！汝可亦決定住凡夫地耶？」

答曰：「如是。何以故？一切諸法及以眾生，其性即是決定正位；我常住此正位，是故我言決定住於凡夫地也。」

須菩提又問言：「若一切法及以眾生即是決定正位者，云何建立諸地差別，而言此是凡夫地，此是聲聞地，此是辟支佛地，此是佛地耶？」

文殊師利菩薩言：「大德！譬如世間以言說故，於虛空中建立十方，所謂此是東方，此是南方，乃至此是上方，此是下方；雖虛空無差別，而諸方有如是如是種種差別。此亦如是，如來於一切。法決定正位中，以善方便立於諸地；所謂此是凡夫地，此是聲聞地，此是辟支佛地，此是菩薩地，此是佛地；雖正位無差別，而諸地有別耳。」

爾時，須菩提復白文殊師利菩薩言：「大士！汝已入正位耶？」

文殊師利菩薩言：「大德！我雖已入亦復非入。」

須菩提言：「大士！云何已入而非入乎？」

文殊師利菩薩言：「大德！應知此是菩薩智慧善巧。我今為汝說一譬喻，諸有智人以譬喻得解。大德！如有射師其藝超絕，惟有一子特鍾心愛；其人復有極重怨讎，耳不欲聞，眼不欲覩。或時其子出外遊行，在於遠處路側而立，父遙見之，謂是其怨，執弓持箭控弦而射，箭既發已，方知是子，其人巧捷疾走追箭，箭未至間，還復收得。言射師者，喻菩薩也；一子者，喻眾生也；怨家者，喻煩惱也；所言箭者，此則喻於聖智慧也。大德！當知菩薩摩訶薩以般若波羅蜜，觀一切法無生正位，大悲善巧故，故不於實際作證，而住聲聞、辟支佛地，誓將化度一切眾生至佛地矣。」

爾時，須菩提又問文殊師利菩薩言：「大士！何等菩薩能行此行？」

文殊師利菩薩言：「大德！若菩薩示行於世，而不為世法所染；現同世間，不於諸法起見；雖為斷一切眾生煩惱勤行精進，而入於法界，不見盡相；雖不住有為，亦不得無為；雖處生死如遊園觀，本願未滿故，不求速證無上涅槃；雖深知無我，而恒化眾生；雖觀諸法自性猶如虛空，而勤修功德淨佛國土；雖入於法界，見法平等，而為莊嚴佛身口意業故，不捨精進。若諸菩薩具如是行，乃能行耳。」

爾時，須菩提復白文殊師利菩薩言：「大士！汝今說此菩薩所行，非諸世間所能信受。」

文殊師利菩薩言：「大德！我今為欲令諸眾生永出世間，說諸菩薩了達世法出離之行。」

須菩提言：「大士！何者是世法？云何名出離？」

文殊師利菩薩言：「大德！世間法者，所謂五蘊。其五者何？謂色蘊、受蘊、想蘊、行蘊、識蘊。如是諸蘊，色如聚沫，受如浮泡，想如陽焰，行如芭蕉，識如幻化，是故此中無有世間，亦無諸蘊及以如是言說名字。若得是解，心則不散；心若不散，則不染世法；若不染世法，即是出離世間法也。

「復次，大德！五蘊諸法其性本空，性空則無二，無二則無我、我所，無我、我所則無所取著，無所取著者即是出離世間法也。

「復次，大德！五蘊法者，以因緣有，因緣有故，則無有力，無力則無主，無主則無我、我所，無我、我所則無受取，無受取則無執競，無執競則無諍論，無諍論者是沙門法，沙門法者知一切法如空中響，若能了知一切諸法如空中響，即是出離世間法也。

「復次，大德！此五蘊法同於法界，法界者則是非界。非界中，無眼界、無色界、無眼識界，無耳界、無聲界、無耳識界，無鼻界、無香界、無鼻識界，無舌界、無味界、無舌識界，無身界、無觸界、無身識界，無意界、無法界、無意識界。此中亦無地界、水界、火界、風界、虛空界、識界，亦無欲界、色界、無色界，亦無有為界、無為界、我、人、衆生、壽者等。如是一切皆無所有，定不可得。若能入是平等深義，與無所入而共相應，即是出離世間法也。」

說是法時，會中比丘二百人，永盡諸漏，心得解脫，各各脫身所著上衣，以奉文殊師利菩薩，而作是言：「若有眾生得聞於此甚深妙法，應生信受；若不生信，欲求證悟，終不可得。」

爾時，長老須菩提語諸比丘言：「汝何所得？以何為證？」諸比丘言：「大德！無得無證，是沙門法。所以者何？若有所得，心則動亂；若有所證，則自矜負；動亂矜負，墮於魔業。若有自言：『我得！我證！』當知則是增上慢人。」

佛言：「諸比丘！汝等審知增上慢義不？」諸比丘答言：「世尊！如我意者，若有人言：『我能知苦』，是不知苦相而言我知；『我能斷集、證滅、修道』，是不知集、滅、道相乃至而言『我能修道』，應知此是增上慢人。所以者何？苦相者即無生相，集、滅、道相即無生相，無生相者即是非相。平等相是諸聖人於一切法得解脫相，是中無有知苦、斷集、證滅、修道如是等相而可得者。若有眾生得聞如是一切諸法平等之義，而生驚怖，應知是為增上慢者。」

爾時，世尊即告之言：「善哉！善哉！諸比丘！如汝所說。如是！如是！須菩提！汝等當知此諸比丘已於過去迦葉佛所，從文殊師利童子得聞如是甚深之法，以聞法故，疾得神通。今復得聞，隨順不逆。須菩提！若復有人於我法中得聞斯義，生信解者，皆於來世見彌勒佛；若未發大乘意，於三會中悉得解脫；若已發大乘意者，皆得住於堪忍之地。」

爾時，善勝天子白文殊師利菩薩言：「大士！汝常於此閻浮提中為衆說法。今兜率天上有諸天子，曾於過去值無量佛，供養恭敬，種諸善根。然生在天中，耽著境界，不能來此法會而有聽受，昔種善根今將退失；若蒙誘誨，必更增長。惟願大士暫往天宮，為彼諸天弘宣法要。」

爾時，文殊師利菩薩以神通力，即於其處忽然化作兜率天宮，如其所有悉皆備足，令善勝天子及此會中一切人天，皆謂在於彼天之上，具見於彼種種嚴飾，園林池沼，果樹行列；殿堂樓閣，棟宇交臨，繡柱承梁，雕窗間戶，攢櫨疊栱，磊砢分布，稱寶為臺，莊嚴綺錯；其臺極小，猶有七層，或八層九層，乃至高于二十層者；一一臺上，處處層級，皆有衆天女，盛年好色，手足柔軟，額廣眉長，面目清淨，如金羅網常有光明，亦如蓮華離諸塵垢，發言含笑，進止迴旋，動必合儀，麗而有則，譬如滿月，人所樂見，*箜篌琴瑟，簫笛鐘鼓，或歌或嘯，音節相和，妙妓成行，分庭共舞。如是等事，宛然備矚。

時，善勝天子見自宮殿及其眷屬，歡娛事已，心生疑怪，白文殊師利菩薩言：「奇哉！大士！云何令我及以大衆瞬息之間而來至此？」

爾時，長老須菩提語善勝天子言：「天子！我初亦謂與諸大衆皆共至於兜率陀天，而今乃知本來不動，曾不共往彼天之上。如是所見，皆是文殊師利菩薩三昧神通之所現耳。」

時，善勝天子即白佛言：「世尊！文殊師利菩薩甚為希有，乃能以三昧神通不思議力，令此衆會不動本處，而言至此兜率陀天。」

佛言：「天子！汝但知文殊師利童子神通變化少分之力，我之所知無有量也。天子！以文殊師利神通之力，假使如恒河沙等諸佛國土，種種嚴好各各不同，能於一佛土中普令明見。又以如恒河沙等諸佛國土集在一處，狀如繒束，擧擲上方，不以為難。又以如恒河沙等諸佛國土所有大海置一毛孔，而令其中衆生不覺不知，無所觸嬈。又以如恒河沙等諸佛國土所有須彌山王，以彼衆山內於一山，復以此山內於芥子，而令住彼山上一切諸天不覺不知，亦無所嬈。又以如恒河沙等諸佛國土，其中所有五道衆生置右掌中，復取是諸國土一切樂具，一一衆生盡以與之，等無差別。又以如恒河沙等諸佛國土劫盡燒時，所有大火集在一處，令其大小如一燈炷，所有火事如本無別。又如恒河沙等諸佛國土，所有日月若於一毛孔，舒光映之，普令其明，隱蔽不現。天子！我於一劫若一劫餘，說文殊師利童子三昧神通變化之力，不可窮盡。」

爾時，魔波旬自變其身作比丘形，在於會中卻坐一面，白佛言：「世尊！我今聞說文殊師利童子神通之力，不能信受。唯願世尊令於我前現其神力，使我得見。」

爾時，世尊知是惡魔變為比丘，欲令衆生善根增長故，告文殊師利菩薩言：

「汝應自現神通之力，令此會中無量衆生咸得善利。」

文殊師利所說不思議佛境界經卷上

文殊師利所說不思議佛境界經卷下

唐天竺三藏菩提流志奉　詔譯

爾時，文殊師利菩薩受佛教已，即時入一切法心自在神通三昧。入此三昧已，起神通力，現於如上所說神變之事，顯然明著，皆悉現前，如佛所言，不增不減；預斯會者，靡不咸見。是時，大衆覩此神力，歎未曾有，同聲唱言：「善哉！善哉！諸佛如來為衆生故出現世間，復有如是善權大士同出於世，而能現此不可思議威神之力。」

爾時，惡魔見此種種神變事已，歡喜踊躍，禮文殊師利菩薩足；合掌恭敬，而向如來作如是言：「文殊師利童子甚為希有，乃能現是不可思議神通變化，諸有聞者，孰不驚疑！若有衆生得聞此事，能生信受，假使惡魔如恒河沙，欲為惱害，終不能也。世尊！我是惡魔，常於佛所伺求其便，心意惱害一切眾生，若見有人精勤習善，必以威力為其障礙。

「世尊！我從今日深發誓心，但此法門弘宣之處，所在國土城邑聚落百由旬內，我在其中，譬如盲者無有所作，不於眾生而生侵惱。若見有受持讀誦思惟解釋是經者，必生尊重，供給供養。世尊！我之儔黨，樂於佛法而生留難；若見有人修行於善，要加逼沮，令其退失，我今為斷如是惡事，說陀羅尼。即說咒曰：

怛姪他阿麼黎一　毘麼黎二　聉(音天以反)哆答鞞三　阿羯波儞是多設咄嚕四　誓曳五　誓耶末底六　輸(去聲)婆末底七　睒迷(去聲下兩字同)扇底八　阿普迷九　普普迷十　地嚟十一　阿契十二　莫契十三　佉契十四　弭履羅十五　阿伽(去聲)迷十六　普羅十七　普羅普羅十八　輸(上聲下同)迷輸輸迷十九　地嚟地嚟二十　阿那跋底二十一　聉哆答鞞二十二　訖里多遏梯二十三　訖里多毘(入聲)提二十四　毘盧折(音之熱反)擔(音丁*含反)二十五　薩達摩婆拏(上聲)拘二十六　曷寫蘇怛羅寫陀路迦二十七　阿(入聲)跋羅自多伊婆蘇履耶二十八

「世尊！此陀羅尼擁護法師，能令其人勇猛精進，辯才無斷，一切惡魔無能得便。更令其魔心生歡喜，以衣服、臥具、飲食、湯藥諸有所須而為供養。世尊！若有善男子、善女人受持此咒，日夜不絕，則為一切天、龍、乾闥婆、阿修羅、迦樓羅、緊那羅、摩睺羅伽、人非人等，常所守護，一切怨憎不能為害。」

佛語魔言：「善哉！善哉！汝今說此陀羅尼，令恒河沙等無量世界六種震動。魔王！當知汝此辯才，皆是文殊師利童子神力所作。」

文殊師利菩薩以神通力令魔波旬說此呪時，衆中三萬人皆發阿耨多羅三藐三菩提心。

爾時，文殊師利菩薩作是變已，攝其神力，即告善勝天子言：「天子！我今欲詣兜率陀天，汝可先往，令其衆集。」時，善勝天子聞是語已，與其眷屬右遶於佛及文殊師利等菩薩大衆，於會中沒，須臾之間到彼天宮。至天宮已，普告衆言：「汝等！當知文殊師利菩薩摩訶薩愍我等故，欲來至此。汝等諸天皆應捨離放逸諸樂而共來集，為聽法故。」

時，善勝天子作是語已，於天宮中建立道場；其場廣博清淨嚴好，以天如意衆寶所成，東西三萬二千由旬，南北一萬六千由旬，又於其中置無量百千師子之座，其座高廣，種種莊嚴，以天寶衣而覆其上。

時，善勝天子嚴辦道場及師子座已，曲躬合掌，遙向文殊師利菩薩而作是言：「我至天宮，所為事畢，唯仁降止，今正是時。」

爾時，文殊師利菩薩與諸菩薩一萬二千人、大聲聞一千五百人，及餘無量百千天、龍、夜叉、乾闥婆等，從坐而起，頂禮佛足，右遶三匝，於如來前沒而不現，須臾之頃至兜率陀天，詣道場中，如其敷擬，各坐其座。

爾時，四天王天、三十三天、夜摩天、化樂天、他化自在天及色界中諸梵天眾，遞相傳告而作是言：「今文殊師利菩薩在兜率陀天欲說大法，我等應共往詣其所，為欲聽聞所未聞法，及見種種希有事故。」

作是語已，欲、色界中無量阿僧祇諸天子眾，於須臾頃，各從所住而來共集兜率天宮。以文殊師利菩薩威神之力，其道場中悉皆容受而無迫隘。

爾時，善勝天子白文殊師利菩薩言：「大士！今此大眾悉已來集，願以辯才闡明法教。」

時，文殊師利菩薩普告眾言：「諸仁者！若諸菩薩住四種行，則能成就一切善法。何等為四？一者、持戒，二者、修禪，三者、神通，四者、調伏。若能持戒則成就多聞，若能修禪則成就般若，若得神通則成就勝智，若住調伏則能成就心不放逸，是故我言：若諸菩薩住於四行，則能成就一切善法。

「諸仁者！當知持戒具足八法而得清淨。何等為八？一者、身行端直，二者、*語業淳淨，三者、心無瑕垢，四者、志尚堅貞，五者、正命自資，六者、頭陀知足，七者、離諸詐偽不實之相，八者、恒不忘失菩提之心，是名持戒八種清淨。

「復次，諸仁者！應知多聞亦以八法而得清淨。何等為八？一者、敬順師長，二者、摧伏憍慢，三者、精勤記持，四者、正念不錯，五者、說釋無倦，六者、不自矜伐，七者、如理觀察，八者、依教修行，是名多聞八種清淨。

「復次，諸仁者！應知禪定亦以八法而得清淨。何等為八？一者、常居蘭若宴寂思惟，二者、不共眾人群聚談說，三者、於外境界無所貪著，四者、若身若心捨諸榮好，五者、飲食少欲，六者、無攀緣處，七者、不樂修飾音聲文字，八者、轉教他人令得聖樂。

「復次，諸仁者！應知般若亦以八法而得清淨。何等為八？一者、善知諸蘊，二者、善知諸界，三者、善知諸處，四者、善知諸根，五者、善知三解脫門，六者、永拔一切煩惱根本，七者、永出一切蓋纏等惑，八者、永離一切諸見所行，是名般若八種清淨。

「復次，諸仁者！應知神通亦以八法而得清淨。何等為八？一者、見一切色無有障礙，二者、聞一切聲無所限隔，三者、遍知眾生心之所行，四者、憶念前際無礙無著，五者、神足遊行遍諸佛國，六者、盡一切漏而不非時，七者、廣集善根而離諸散動，八者、如初發誓願恒為善友廣濟眾生，是名神通八種清淨。

「復次，諸仁者！當知於智亦以八法而得清淨。何等為八？一者、苦智，遍知五蘊；二者、集智，永斷諸愛；三者、滅智，觀諸緣起畢竟不生；四者、道智，能證有為、無為功德；五者、因果智，知業與事無有相違；六者、決定智，了知無我無衆生等；七者、三世智，善能分別三世輪轉；八者、一切智智，謂般若波羅蜜於一切處無不證入；是名為智八種清淨。

「復次，諸仁者！應知調伏亦以八法而得清淨。何等為八？一者、內恒寂靜，二者、外護所行，三者、不捨三界，四者、隨順緣起，五者、觀察諸法其性無生，六者、觀察諸法無有作者，七者、觀察諸法本來無我，八者、畢竟不起一切煩惱，是名調伏八種清淨。

「復次，諸仁者！應知不放逸亦以八法而得清淨。何等為八？一者、不污尸羅，二者、恒淨多聞，三者、成就諸定，四者、修行般若，五者、具足神通，六者、不自貢高，七者、滅諸諍論，八者、不退善法，是名不放逸八種清淨。

「諸仁者！若諸菩薩住不放逸，則不失三種樂。何者為三？所謂諸天樂、禪定樂、涅槃樂。又則解脫三惡道。何者為三？所謂地獄道、畜生道、餓鬼道。又則不為三種苦之所逼迫。何者為三？所謂生苦、老苦、死苦。又則永離三種畏。何者為三？所謂不活畏、惡名畏、大衆威德畏。又則超出三種有。何者為三？所謂欲有、色有、無色有。又則滌除三種垢。何者為三?所謂貪欲垢、瞋恚垢、愚癡垢。又則圓滿三種學。何者為三?所謂戒學、心學、慧學。又則得三種清淨。何者為三?所謂身清淨、語清淨、意清淨。又則具足三種所成福。何者為三?所謂施所成福、戒所成福、修所成福。又則能修三種解脫門。何者為三?所謂空解脫門、無相解脫門、無願解脫門。又則令三種種性永不斷絕。何者為三?所謂佛種性、法種性、僧種性。諸仁者!不放逸行有如是力,是故汝等應共修行。

「復次,諸仁者!菩薩所行六波羅蜜,一一具有三所治障,若住不放逸,速能除斷。何等為三?謂自不布施,不欲他施,瞋能施者;自不持戒,不欲他持,瞋能持者;自不忍辱,不欲他忍,瞋能忍者;自不精進,不欲他精進,瞋能精進者;自不修定,不欲他修,瞋能修者;自無智慧,不欲他有,瞋能有者。如是名為菩薩六度,一一見有三障差別,不放逸行之所除斷。

「復次,諸仁者!菩薩所行六波羅蜜,各以三法而得成滿,此三皆從不放逸生。何者為三?布施三者,謂一切能捨、不求果報、迴向菩提;持戒三者,謂重心敬*受、護持不缺、迴向菩提；忍辱三者，謂柔和寬恕、自護護他、迴向菩提；精進三者，謂不捨善軛、無來去想、迴向菩提；禪定三者，謂遍入諸定、無所攀緣、迴向菩提；般若三者，謂智光明徹、滅諸戲論、迴向菩提。如是名為菩薩六度，一一三種能成滿法，不放逸行之所生長。

「復次，諸仁者！一切菩薩以不放逸故，速得成就三十七種菩提分等所有善法，證於諸佛無上菩提。云何速成菩提分法？謂諸菩薩以不放逸故修四念處，不經勤苦疾得圓滿。云何修耶？謂觀身處無所有，觀*受處無所有，觀心處無所有，觀法處無所有，於一切法皆無所得，如是名為修四念處。

「又，諸菩薩以不放逸故，修四正勤，疾得圓滿。云何修習？謂諸菩薩雖恒觀察一切諸法本來無生、無得、無起、無有作者，猶如虛空，而為未生諸惡不善法令不生故，攝心正住，勤行精進；雖觀一切法無業無果，而為諸眾生已生諸惡不善法欲令斷故，攝心正住，勤行精進；雖信解一切法空無所有，而為未生諸善法欲令生故，攝心正住，勤行精進；雖知諸法本來寂靜，而為已生諸善法欲令住故，不退失故，更增長故，攝心正住，勤行精進。是諸菩薩，雖恒觀察一切諸法無有所作、無能作者，體相平等，是中無有少法可得，若生若滅，而常精進，修習不捨，是則名為修正勤耳。

「又，諸菩薩以不放逸故，修四神足，疾得圓滿。云何修習？謂諸菩薩雖永斷欲貪，而恒不捨諸善法，欲若身若心常修善行，雖觀諸法空無所得，而為化眾生勤行精進；雖了知心識如幻如化，而恒不捨具諸佛法，成正覺心；雖知諸法無依無作，不可取著，而恒隨所聞如理思惟；如是名為修習神足。

「又，諸菩薩以不放逸故，修習五根，疾得圓滿。云何修習？謂諸菩薩雖依自力而有覺悟，不從他聞，然教化眾生，令其了知，發生深信；雖無來想亦無去想，而勤遍修行一切智行；雖於境界無念無憶，而於其中不忘不愚；雖以智光開了諸法，而恒正定，寂然不動；雖常安住平等法性，而斷眾翳障、戲論、分別；如是名為修習五根。

「又，諸菩薩以不放逸故，修習五力，疾得圓滿。云何修習？謂諸菩薩修信力時，一切外論不能傾動；修精進力，一切惡魔無能沮壞；以修念力，不入聲聞、辟支佛地；修定力故，疾得遠離五蓋煩惱；以智慧力，永不取於諸見境界；是則名為修習五力。

「又，諸菩薩以不放逸故，修七覺分，疾得圓滿。云何修耶？謂諸菩薩於一切善法恒不忘失，是修念覺分；於諸緣起常樂觀察，是修擇法覺分；行菩提道永不退轉，是修精進覺分；知法而足，無所希求，是修喜覺分；遠離身心散動之失，是修猗覺分；入空、無相、無願解脫，是修定覺分；離於生起學習之心，是修捨覺分；是名為修七覺分法。

「又，諸菩薩以不放逸故，修八聖道，疾得圓滿。云何修習？謂永離於斷常見故，名修習正見；離於欲覺、恚覺、害覺故，名修習正思惟；遠離自他不平等故，名修習正語；離於諂偽不實相故，名修習正命；離於怯弱身心事故，名修習正業；離自矜足慢他心故，名修習正勤；離諸惛愚，名修習正念；息諸分別，名修習正定；是名修習八聖道分。

「諸仁者！我以如前所說之義，言諸菩薩住不放逸，則得成就三十七種菩提分等一切善法，證於諸佛無上菩提。諸仁者！此不放逸菩薩入於如是菩提分法已，則出一切生死淤泥，出生死已，於一切法都無所見；無所見故，無所言說；無所言說故，則得入於畢竟寂靜。云何名為畢竟寂靜？以一切法非所作，非所作故，不可取；不可取故，無有用；無有用故，不可安立；以之為有，不可安立；以為有故，應知即是畢竟寂靜。」

說是法時，會中有一萬二千天子遠塵離垢，法眼清淨。

爾時，善勝天子復白文殊師利菩薩言：「大士！云何名修行菩薩道？」

文殊師利菩薩言：「天子！若菩薩雖不捨生死，而不為生死諸惡所染；雖不住無為，而恒修無為功德；雖具修行六波羅蜜，而示現聲聞、辟支佛行；是名修行菩薩道。

「復次，天子！若菩薩雖於空清淨而善示諸境，亦不取於境；雖於無相清淨而善入諸相，亦不執於相；雖於無願清淨而善行三界，亦不著於界；雖於無生無滅清淨而善說生滅，亦不受生滅。所以者何？此調伏心菩薩雖了知一切法空無所有，然以諸眾生於境界中而生見著，以見著故增長煩惱，菩薩欲令斷諸見著而為說法，令知一切境界是空。如說於空，無相、無願、無生、無滅，皆亦如是，是名修行菩薩道。

「復次，天子！有往有復，名修菩薩道。云何名為有往有復？觀諸眾生心所樂欲，名之為往；隨其所應而為說法，名之為復。自入三昧，名之為往；令諸眾生得於三昧，名之為復。自行聖道，名之為往；而能教化一切凡夫，名之為復。自得無生忍，名之為往；令諸眾生皆得此忍，名之為復。自以方便出於生死，名之為往；又令眾生而得出離，名之為復。心樂寂靜，名之為往；常在生死教化眾生，名之為復。自勤觀察往復之行，名之為往；為諸眾生說如斯法，名之為復。修空、無相、無願解脫，名之為往；為令眾生斷於三種覺觀心故而為說法，名之為復。堅發誓願，名之為往；隨其誓願拯濟眾生，名之為復。發菩提心願坐道場，名之為往；具修菩薩所行之行，名之為復。是名菩薩往復之道。」

說此法時，會中有菩薩五百人皆得無生法忍。爾時，善勝天子白文殊師利菩薩言：「大士！我曾聞有一切功德光明世界，如是世界在何方所，佛號何等，於中說法？」

文殊師利菩薩言：「天子！於此上方過十二恒河沙佛土，有世界名一切功德光明，佛號普賢如來、應、正等覺，在此土中演說正法。」

善勝天子言：「大士！我心欲見彼之世界及彼如來，惟願仁慈示我令見。」時，文殊師利菩薩即入三昧，此三昧名離垢光明，從其身中放種種光，其光上徹十二恒河沙佛土，至一切功德光明世界，種種色光，遍滿其國。彼諸菩薩見是光已，得未曾有，合掌恭敬，白普賢如來言：「世尊！今此光明從何所來？」

普賢佛言：「善男子！於此下方過十二恒河沙佛土，有世界名娑婆，佛號釋迦牟尼如來、應、正等覺，今現在彼敷演法教。彼有菩薩名文殊師利，住不退轉，入離垢光明三昧，於其身中放種種光，其光遠至十方無量阿僧祇世界，一一世界光悉充滿，是故今者有此光明。」

彼諸菩薩復作是言：「世尊！我等今者皆願得見娑婆世界釋迦牟尼佛，及文殊師利菩薩。」

爾時，普賢如來即於足下千輻相中放大光明，其光朗曜，過彼下方十二恒河沙佛土入此世界，光悉周遍。彼諸菩薩以佛光明，莫不見此娑婆世界及釋迦牟尼佛諸菩薩等，此土菩薩亦見彼國及普賢如來并菩薩衆。

爾時，普賢如來告諸菩薩言：「娑婆世界恒說大法，汝等誰能往彼聽受？」衆中有菩薩名執智炬，從座而起，白言：「世尊！我今願欲承佛神力，往娑婆世界，惟願如來垂哀見許。」

普賢如來言：「善男子！今正是時，當疾往詣。」

爾時，執智炬菩薩與諸菩薩十億人俱，頭頂敬禮普賢如來，合掌恭敬，右遶七匝，於彼國沒。譬如壯士屈伸臂頃，到娑婆世界兜率天宮善住樓觀中，文殊師利菩薩衆會之前，曲躬合掌，禮文殊師利菩薩足而作是言：「大士！汝所舒光至於我國，我世尊普賢如來、應、正等覺垂許我等來此世界，為見大士，禮事瞻仰，聽聞法故。」

爾時，欲、色界諸天子見彼國土諸來菩薩已，咸作是言：「善哉！善哉！不可思議！甚為希有！甚為希有！文殊師利善權大士乃有如是神通變化，以三昧力放是光明，而能至彼上方世界，令諸菩薩疾來詣此。」

時文殊師利菩薩復為大衆廣宣妙法，衆中有七十二那由他諸天子衆深生信解，發阿耨多羅三藐三菩提心。

爾時，文殊師利菩薩於兜率天宮所為事畢，與諸菩薩、釋、梵、四天王等無量諸天，及一切功德光明國土諸來菩薩，不起于坐，於天宮沒，一念之間到于佛所，皆從座起，頂禮佛足，合掌恭敬，右遶七匝。遶佛畢已，時，執智炬菩薩與其同類十億人前白佛言：「世尊！普賢如來致問起居少病、少惱、安樂行不？」

于時，世尊如法慰問諸菩薩已，普觀一切諸來大衆，勅令復坐，廣為說法，莫不歡喜。

爾時，世尊復告衆言：「汝等！當知此文殊師利童子、執智炬菩薩，為欲成熟無量衆生，現此神通變化之事。此二丈夫已能成就種種方便，獲於深理智慧辯才，已於無量阿僧祇劫施作佛事，為衆生故，生於世間。若有衆生得見此二菩薩者，應知則得六根自在，永不入於衆魔境界。」

爾時，執智炬菩薩及所同來諸菩薩衆，入此國土，得見世尊，聽聞法故，證無生忍。既得忍已，右遶於佛，敬禮雙足。當爾之時，此三千大千世界為之震動，是諸菩薩即於佛前沒而不現，須臾之頃還到本國。

爾時，世尊告長老阿難言：「此法門汝當奉持，廣為人說。」

阿難言：「唯！世尊！此法門當何名之？云何奉持？」

佛言：「此法門名文殊師利所說不思議佛境界，如是奉持。」

佛說此經已，善勝天子、長老阿難及一切世間天、人、阿修羅、乾闥婆等，皆大歡喜，信受奉行。

文殊師利所說不思議佛境界經卷下

文殊師利普超三昧經

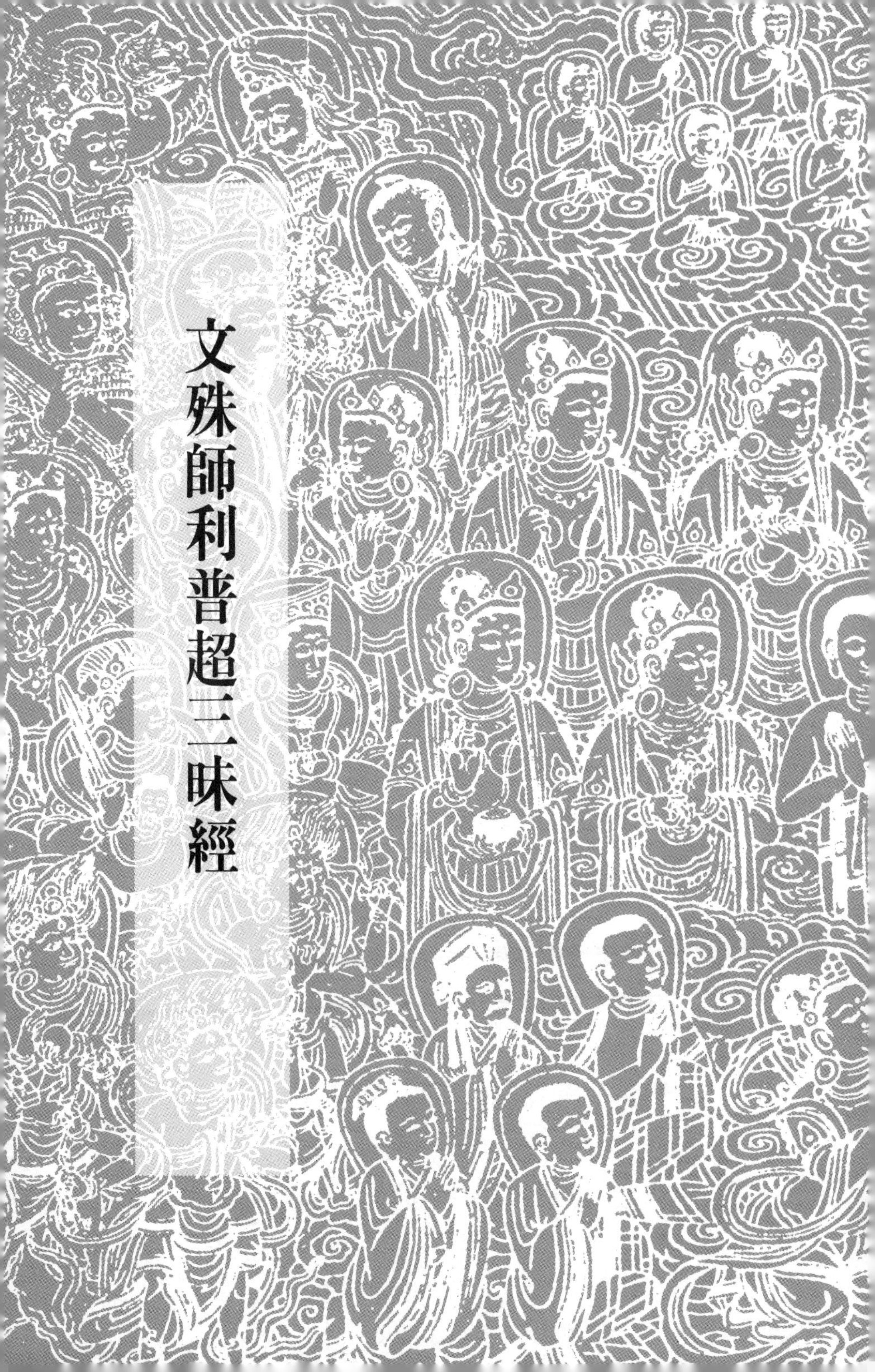

文殊*師利普超三昧經卷上

一名阿闍世王品

西晉月氏三藏竺法護譯

正士品第一

聞如是：一時，佛遊王舍城靈鷲山，與大比丘衆俱，比丘三萬二千，菩薩八萬四千。一切聖達靡所不明，開士、大士神通已暢，已得總持，辯才無礙，得無所著，不起法忍，曉了定行，見衆生心，隨所應度而為說法。四天王、天帝釋、梵忍天王及餘無數諸天龍神、犍沓和、阿須倫、加留羅、真陀羅、摩休勒、人與非人，各百千衆而俱來會。

爾時，軟首童真菩薩在山一面異處梁上，與二十五正士俱而講論法，其名曰龍首菩薩、龍施菩薩、首具菩薩、首藏菩薩、蓮首菩薩、蓮首藏菩薩、持人菩薩、持地菩薩、寶掌菩薩、寶印手菩薩、師子意菩薩、師子步雷音菩薩、虛空藏菩薩、發意轉法輪菩薩、辯諸句菩薩、辯積菩薩、海意菩薩、大山菩薩、喜見菩薩、喜王菩薩、察無圻菩薩、遊無際法行菩薩、超魔見菩薩、無憂施菩薩、諸議告菩薩，是為二十五正士。兜率天上有四天子，俱造軟首童真於後侍焉，其名普華天子、光華天子、美香天子、常進法行天子，復有異天子不可計數僉然來侍。如斯正士、諸天子等，亦悉會坐各各講論。如是之儔迭相謂曰：「仁者！欲知佛之智慧弘普無限，不可思議，不可稱量，無能滅度，盡極際者，不可以小意思原大德鎧。當以何方便誓被戒德鎧，而能逮茲大乘佛乘、諸通慧乘、不可思乘，斯應道乎？」

龍首菩薩曰：「積累功德不以厭足，建立休祚不可限量，而不毀失戒德之鎧，一切所作無所悕望，則應大乘諸通慧矣！」

龍施菩薩曰：「普弘等心調和其志，溫潤其性，柔軟其意，而心仁厚堅住正願，於諸通慧被戒德鎧，化度生死，則應大乘諸通慧矣！」

首具菩薩曰：「不可計劫趣斯大乘，被戒德鎧，於無數劫不念劫數，則應大乘諸通慧矣！」

首藏菩薩曰：「其自建立獨安己者，不能逮趣大乘通慧。捨己之安，建立衆生，欲使大安，隨其所便，令無僥冀而無所起，勸進群黎，立於道法，則應大乘諸通慧矣！」

蓮首菩薩曰：「族姓子！憶如來所講，假使有人自不柔順，無有靜寂，不隨律教而欲調伏、靜寂於他，以律勸人者，未之有也。其自調順，靜寂奉律，乃能化勵剛強憒亂，抑挫犯禁，則應大乘諸通慧矣！」

蓮首藏菩薩曰：「其同塵勞於世法者，則不度世，其不同塵。勞於世法者，乃能度世。是故，菩薩有利無利、若譽若毀、有名無名、若苦若樂不動不搖，則應大乘諸通慧矣！」

持人菩薩曰：「不可從他而致大乘諸通慧也！吾獨一己而無有侶，以眾生故，誓被德鎧設護一切，則吾所應將濟救攝，須臾精進而不懈怠，教化黎*庶無違☆發學，斯則應大乘諸通慧矣！」

持地菩薩曰：「譬如，仁者！地之所載，一切眾果，百穀藥木，因地而生，地無所置，亦不求報；群庶品類皆仰地活，地不辭厭不以為勞。開士、大士，亦當如是，發心如地心無所著，不以喜怒勸諸黎*庶，使趣佛慧而不想報，則應大乘諸通慧矣！」

寶掌菩薩曰：「仁者！當知被上德鎧乃至佛慧，無能沮敗令*失大乘，若於夢中不志二乘聲聞、緣覺，常以*實心、諸通慧心為人講宣；於珍寶心無所貪惜，無所愛悋。勸眾大乘誓被德鎧，彼所學乘，非無有乘，不增不減，其心如是，無所*欽慕，則應大乘諸通慧矣！」

寶印手菩薩曰：「覩於群黎墮墜六趣，而發愍哀，惠施眾生，授以法手。其無信者為造信手，其少智者為博聞手，其慳貪者為惠施手，其犯戒者為護禁手，其瞋怒者為忍辱手，其懈怠者為精進手，其亂意者為一心手，其邪智者為智慧手，而隨眾生離清白法，各各應時具設法手，開士殖斯德本之手，印于三寶。何謂三？具立群生於佛智慧，勸助至于寶印之手；成已德本則寶印手；念一切法猶如虛空則寶印手。興立如斯是則為三，則應大乘諸通慧矣！」

師子意菩薩曰：「仁者！當知被無畏鎧是為無懼。所誓德鎧、無難鎧、無罣礙鎧、無怯弱鎧、無懈怠鎧，斯則佛慧。是故行者不當恐怖，無難、無礙、無怯、無怠，離諸危懅，衣毛不豎，在於終始，無有瑕穢，亦不希仰泥洹之德，等住苦樂而無二行，則應大乘諸通慧矣！」

師子步雷音菩薩曰：「仁者！當知其斯事者非下才行，則為正士之所建造。其正士者，歸趣平等，離于邪見；其正士者，其心質朴而無諛諂；其正士者，勞謙柔順，尊師敬聖；其正士者，勸學不惓，所受根究；其正士者，欽悅正治，建立正業；其正士者，若有所欲，損廢穢法；其正士者，若有瞋怒，意無結恨；其正士者，若有愚癡，照除幽冥；其正士者，寂然澹泊，近于定藏；其正士者，具足恩施，惠及貧厄，一切輒濟；其正士者，護身口意，嘿而靜寞；其正士者，言行相副，情性質直；其正士者，所志堅強，尚真諦法；其正士者，離於非法，親存正典；其正士者，樂于法樂，護以正法；其正士者，輕忽身命，不*擇衆生；其正士者，所立鏗然，善施無羨；其正士者，志純淑法，消化凶偽；其正士者，則以寶藏，救濟貧匱；其正士者，則為良藥，療諸疹疾；其正士者，護諸畏懼，令得自歸；其正士者，導諸邪見，至無崖際；其正士者，勉濟勞穢，勸以經典；其正士者，調忍瞋怒而順所宜。是故建立正士之法，則應大乘諸通慧矣！」

虛空藏菩薩曰：「修以無量虛空之慈，其精進行未曾釋廢，大哀之行，諸根悅豫，悉懷踊躍，於諸愛欲所可娛樂察如虛空，布施、持戒、忍辱、精進、一心、智慧等如虛空，則應大乘諸通慧矣！」

發意轉法輪菩薩曰：「發菩薩意所發意者，不當發意令魔得便，無令如來而不欣樂，使諸天人所不悅喜，不令德本而有耗減。若欲興建為道意者，隨順誘勸，當令弊魔不得其便，順如來意，天人悅豫，不失己身所造德本，所修如斯，一切發意，則轉法輪。所以者何？其菩薩者，諸所發意因緣所造而無所生，曉了諸法永無所起，無所起者，諸佛如來順如正覺之轉法輪。如是發心被戒德鎧，則應大乘諸通慧矣！」

辯諸句菩薩曰：「正士！當知其道心者，正士普入塵勞怒害，有漏無漏、有為無為，亦入於罪不罪、殃福，亦入於善亦入不善，亦入世法度世之法，亦入終始無為之為，亦入斷滅有常之計，亦入諸陰衰入之事，亦入地水火風。所以者何？*以諸因緣悉為自然，志性本淨，所在之處有所言說，一切所講，皆悉為空而無所有，譬如虛空無所不入，道心如是一切普至。菩薩喜樂如是慧者，除棄一切文字辯才，分別衆庶逮得辯慧。若能入斯一聖達者，則應大乘諸通慧矣！」

辯積菩薩曰：「一切所說皆無有言，一切音聲而不可得，菩薩喜樂如斯慧者，好言惡言，不悅不慼，譬如太山風來吹之，尋復還反山不動搖。菩薩如是，於諸異學一切語言，不動不搖，在諸外徑，亦無所著。若如來言、外徑異語，等法察之，不以增減亦無所亂，凡諸辯才一切法盡，於諸盡法，不念自天亦無所思。菩薩能行如斯慧者，則應大乘諸通慧矣！」

海意菩薩曰：「菩薩所入，當如入海。覺了大道，一切聲聞所不能及，信樂專心於一法味，入若干法無有若干，觀深妙法未曾惑亂，於緣起法不增不減，於諸經典無有若干，是則名曰不生不起一切眾生所*起業☆者，不殖德本福無有盡，所教無邊當分別了，棄捐斷滅有常之事，不受諸法不斷諸法；當建立志為無量器，不忘捨法習諸通慧，亦不釋法，以平等法為眾生說；當習一切諸德善法，如是具足無數佛法。以如是心被戒德鎧，則應大乘諸通慧矣！」

大山菩薩曰：「仁者！當知其此乘者，普超諸世則謂佛慧，其行所入不可限量，由是之故，超度一切世間志性，已能超度世間所行。其所信者，過於俗間，已過俗間；其所施者，持戒、忍辱、精進、一心、智慧，亦復如是。悉能超度一切世間之所有慧，其所造福過於世間所興福祚，則應大乘諸通慧矣！」

喜見菩薩曰：「假使菩薩目所視色，而無所惡，色之自然，其心清淨；耳所聽聞亦無所惡，音聲自然，其心清淨；鼻香、舌味及身更心法，於六情界而無所惡，其六情界自然本寂，其心清淨；其於憎愛心無所著，其心清淨。觀于眾生順佛法者，器無不應；又其眾生處邪見者，亦復覩之，在佛法器。其愛己者，在於王者，歡喜習俗；有所施與，尋復悔者，等敬若茲。菩薩大士所行如是，則應大乘諸通慧矣！」

喜王菩薩曰：「假使有人罵詈誹謗，輕易毀辱，撾捶打撲，於菩薩者，心不懷恨而加喜悅，以善友想待遇對者，而能忍辱現于忍力，其心欣豫，思惟其法：『何所是罵？誰為罵者？』信解內空，不疑外空。自見己身，又覩他人，則歡喜悅，便能惠施身命、支體、頭、眼、手、足、妻子、男女、國城、丘聚、財穀、珍寶，倍復踊躍。寧聞一頌，恬忽世榮轉輪王位。常樂為人講說經法，不羨帝釋。思開一人使發道心，不僥梵天。願見如來，不貪三千大千世界滿溢珂珍。從生明達，不乏諸根，信樂愛敬諸道品法。如是悅樂所造行者，則應大乘諸通慧矣！」

察無圻菩薩曰：「假使見一切法，度于彼岸，不墮貪身，淨諸佛土。覩諸佛國，皆亦清淨，亦無想行，見一切佛不發色想。見諸群黎想，雖有肉眼，覩罪福淨；具足天眼，得無所壞；雖得慧眼，離諸塵勞；信樂佛眼，具足成就十八不共諸佛之法；已得法眼，具足如來十種之力。假使菩薩所被德鎧信行如斯，則應大乘諸通慧矣！」

遊無際法行菩薩曰：「族姓子！知一切緣菩薩所為，則悉歸趣諸通敏慧。所以者何？觀諸所有一切因緣，不住於內、不處於外、不在口言，假使菩薩不住因緣，亦不御趣塵勞之礙，亦不勸導罪福之礙、無報應礙、無諸根礙、無諸法礙、無非慧礙，已度罪福塵垢魔界，則應大乘諸通慧矣！」

超魔見菩薩曰：「惟！族姓子！已住吾我，自見己身，則便處于魔之事業。已斷吾我，不覩所虛；已除所見，則無諸陰；已除諸陰，則不見魔；已度魔界，則尋逮成，無礙脫門。菩薩已逮無礙脫門，則應大乘諸通慧矣！」

無憂施菩薩曰：「仁者！當知其犯惡者，後懷湯火，其為善業，後無憂慼，是故菩薩當修善業。其所作者，無能說短，所興造者，後無所悔無諸礙蓋。假使衆生愁憂不樂，則為講說離憂之法。菩薩大士如是行者，則應大乘諸通慧矣！」

諸議告菩薩曰：「惟！族姓子！其有士夫奉禁戒者，所願必獲；已獲所願，所獲立本，由無放逸；立無逸已，具道品法；已能具立道品之法，則諸通慧戒禁之正也！菩薩已住無逸道法，則應大乘諸通慧矣！」

普花天子曰：「譬，族姓子！樹花盛時，多所饒益於一切人。菩薩以功德本而自莊嚴，猶樹花茂饒益群黎。如忉利天晝度之樹紛葩茂盛，忉利諸天莫不敬仰；菩薩如是以諸法門而自挍飾，諸天、龍神、揵沓和、世人、阿須倫靡不宗戴。猶如天上明月之珠，無有瑕穢衆德具足；開士志性清淨無瑕，德*義顯備，則應大乘諸通慧矣！」

光華天子曰：「譬，族姓子！日出光明，滅除衆冥，終始光現；菩薩如是，具足慧光，慧法施世，為諸愚冥無明衆生，顯示大光導自然法。其幽闇者不能蔽暉，其光明者則能消冥，導示徑路，已住徑路。菩薩大士，其在邪徑，示現正路，已住正路，則應大乘諸通慧矣！」

心華香天子曰：「譬，族姓子！心華之樹，其香普熏周四十里，其香無想；菩薩如是，以戒、博聞、定、慧、解、度知見之香，以為芬熏三千大千世界，以法之香靡不周遍，一切衆病香即療愈。假使菩薩被此法香，則應大乘諸通慧矣！」

常進法行天子曰：「仁者！當知其精進者，無懈怠心，是故菩薩修諸德本而不厭惓，常當遵崇志八法行。何等八？六度無極，四等梵行，遊步五通，而以四恩救攝群萌，志三脫門，逮得法忍，勸勉佛慧開化衆生令發道意，導權方便接*濟有為所有諸法，是為八。遵崇八法之行，則應大乘諸通慧矣！」

於是軟首語諸正士及天子曰：「仁者！欲知菩薩精進若不精進至諸通慧，所以者何？其翫習者，行在三界，若遵修者，謂諸往見；其翫習者，是謂為內，亦不翫習，是謂為外；其翫習者，謂聲聞地，若遵修者，謂緣覺地；其翫習者，謂在衆結，所行勤勞，若遵修者，則謂所著，凡夫之法；其翫習者，即謂為名，若遵修者，則謂為色；其翫習者，即謂報應，若遵修者，則謂所見；其翫習者，謂有所著，若遵修者，則謂有所得；其翫習者，即謂我所，若遵修者，則謂吾身；其翫習者，即謂慳貪，若遵修者，則謂布施而不想慢；其翫習者，即謂犯戒，若遵修者，則謂持戒而不想慢；其翫習者，謂瞋怒，若遵修者，則謂忍辱而不想慢；其翫習者，謂懈怠，若遵修者，則謂精進而不想慢；其翫習者，謂亂意，若遵修者，則謂一心而不想慢；其翫習者，謂愚癡，若遵修者，則謂智慧而不想慢；其翫習者，謂不善本，若遵修者，謂等善本而不想慢；其翫習者，謂無福根，若遵修者，謂殖德本而不想慢；其翫習者，謂世俗法，若遵修者，謂度世法而不想慢；其翫習者，謂有為法，若遵修者，謂無為法而不想慢；其翫習者，謂為罪，若遵修者，謂無罪法而不想慢；其翫習者，謂諸漏，若遵修者，則謂無漏而不想慢。是謂翫習至於遵修，離諸所見，不著不斷，菩薩*旨趣則應大乘諸通慧矣！

「又次，仁者！而不得至於諸通慧。何故不至？以何等至諸通敏慧？諸通慧者，離諸所作，其諸通慧，亦無所至，亦無有逮諸通慧者。又諸通慧，亦無色像，亦無痛痒、思想、生死、識之形貌也！其諸通慧⊙者，亦無法則，亦無非法。其諸通慧，亦無有施。所以者何？諸通慧者，則為施與。又諸通慧，無有持戒、忍辱、精進、一心、智慧。所以者何？諸通慧者，則自然聖。諸通慧者，無去來今。所以者何？其諸通慧超度三世。諸通慧者，無眼、耳、鼻、*舌、身、心識。所以者何？度諸界故。諸仁！欲知諸通慧者，若有菩薩欲得通慧，住如通慧，當云何住？於一切法而無所住，斯則為住於諸通慧。一切諸法，皆非我所，斯諸通慧，於一切法，無所*倚著，斯諸通慧。等凡夫地等於佛地，於一切法亦為平等，斯諸通慧。又行菩薩不當於餘求諸通慧，惟當從此四大界求，自然造行。所以者何？斯自然者此無所有，斯自然者則無有形，於是善法名曰我身，於我身者而無有身，無有善惡、無我、無壽、無命、無人，假令我身則無所有亦復無有，彼則無行亦無所有，彼所有形則亦無實，其所見者亦無所有亦無有實，其慧見於所有、無有、有實、無實等，斯諸慧則諸通慧。」

軟首童真說是語時，二千天子得不起法忍，萬二千人皆發無上正真道意。

化佛品第二

於是辯積菩薩白軟首曰：「且當俱往覲于如來，面問大聖，菩薩大士當興何行？」

軟首尋於其處化作如來，其體形像如能仁佛。軟首童真謂辯積曰：「族姓子！如來在斯，何不啟問菩薩大士所設之行？」

於是辯積問化如來：「唯然！世尊！菩薩大士當設何行？」

時，佛告曰：「如我所設，菩薩亦當修如是行！」

又問：「云何世尊所造立行？」

其佛答曰：「亦不行施，不行禁戒，不行忍辱，不行精進，不行一心，不行智慧，不行欲界，不行色界，不行無色界，不造身行，不造言行，心無念行，一切無行，亦無因緣，是菩薩行。於族姓子心趣云何？其化現者，豈有行乎？」

答曰：「天中天！化者無行。」

報曰：「如是！族姓子！菩薩大士當造斯行。」

辯積菩薩白軟首曰：「*今所見佛，將無化乎？」

軟首答曰：「仁者！不聞一切諸法化自然乎？幻變之相而不退轉。」

報曰：「如是！諸法實化，自然幻變而不退轉。」

答曰：「今族姓子何故發言今現如來將無化乎？一切諸佛及一切法豈不化耶？」

又問：「誰為化者？」

答曰：「自然業淨而化之耳！又，族姓子！菩薩不當住於我、人、壽命、佛之聖道及凡夫者，而計有住。」

辯積問化如來：「世尊！何學自致得佛？」

答曰：「無所學者，則菩薩學。菩薩所學無有形像，亦無倫比，亦無所受亦非不受，亦無想念亦不離想，亦無所行，無行不行，則菩薩學。無著不著，無慢不慢亦不調戲，亦不遵修不離遵修，無想無取，無所遊居亦無有想，不起不滅，不來不去，無住無化亦無有形，亦無言詞，普離一切諸所想行，則菩薩學。其作斯學是為等學，造斯學者則無所趣，則無所增亦無所損；造斯學者亦無所著，亦無所脫，亦無所染，亦無離塵，亦無結恨，不墮愚冥。如是學者乃名為學，學如斯者不詣諸趣。是故，族姓子！菩薩大士欲得逮成無上正真道者，學我所學。」

又問：「云何佛學？」

答曰：「如我無戒亦無所犯，不施不受，不戒不犯，不忍不瞋，不進不怠，不禪不亂，不智不愚，無學非無學，無所不行，而吾無得亦無所等，無佛無法，亦無我想，亦無人想，亦無壽想，亦無命想，亦無法想，亦無有想，亦無無想。所以者何？一切諸法悉無所造，一切諸法以無所造，自然如幻，亦無有相，亦無有二。一切諸法離諸所樂，一切諸法而不可見，一切諸法超度眼句；諸法平等而無差特，諸法愚冥亦無所徑，無為無人，故無人言教，故無處所，無有言教則無所生。其信此者不念所信，亦不自大，亦不念道。

「是故，族姓子！若有菩薩，如是比類學佛道者，不恐、不懼、不難、不畏，乃為菩薩。如，族姓子！虛空之畏，不畏於火，不畏於風，不畏於雨，不畏於霧，不畏於塵，不畏於雷，不畏於雲，不畏於電，不畏於雪。所以者何？空者自然，故曰空畏；菩薩如是於一切法而無所畏，於一切法不念苦樂。假使菩薩心等如是，則能成佛降伏衆魔，則成無上正真之道為最正覺，亦能導利一切衆生。」

時，化如來說此語竟，尋即化滅不知其處。

辯積菩薩問軟首曰：「今者如來為所至湊？」

答曰：「從所來處。」

又問：「何所從來？」

答曰：「如所去處。」

又問：「軟首！其化現者，無所從來？無所從去？」

答曰：「族姓子！譬如化者，無所從來，無所從去，一切諸法亦復如是，一切衆生等無有異，不來不去。」

又問：「軟首！一切諸法為何所趣？」
答曰：「所趣自然。」
又問：「一切衆生為何所歸？」
答曰：「隨其所作。」
又問：「軟首！一切諸法無作無報？」
答曰：「族姓子！其法界者，無作、無報、無往，等御諸法，則為法界。」
又問：「云何言有作、有報、有往，而謂無往？」
答曰：「族姓子！如其所作，如其所報，所往亦然。」
又問軟首曰：「何謂為作？云何報應？何因所往？」
答曰：「如所作者，報應亦如，所往亦如。」
又問：「軟首！其如無本者，亦無有作、無有報應、無有往趣？」
答曰：「如，族姓子！如無本者，亦無所作，亦無報應，亦無往趣。所作、報應、往趣亦然，無來無去；所作、報應、所往至處，其如無本，無所歸趣。」

說是語時，如在世尊能仁佛前，賢者舍利弗、賢者阿難及餘大弟子悉聞斯講。舍利弗白佛：「唯然！如來！怪未曾有，斯諸正士為大聖人，而師子吼等同一法，說若干種音聲言說，與法*合同而無錯謬，誰聞斯者不發無上正真之道乎？」

佛告舍利弗：「誠如所云！菩薩大學無罣礙故，今者所說無所罣礙，如其所種必獲其果，如其所出報應亦然。菩薩如是學無罣礙，從其聖慧而分別說，如舍利弗本所學禁，自故斯慧辯才亦然。」

光淨菩薩問世尊曰：「何謂聲聞學？何謂菩薩學？」

佛言：「有限、有礙是聲聞學，無限、無礙是菩薩學。其聲聞學，因其所限而致罣礙，由是之故，所說有限，致於罣礙；而諸菩薩學無有限，致無罣礙，由是之故，所說無限，無有罣礙。」

光淨菩薩前白佛言：「惟！天中天！願現感應，使諸正士來至於斯，令此衆會聞所說法，各得其所無令唐舉。所以者何？軟首童真所行深奧，所論經法亦復要妙。」

爾時，世尊即現瑞應，軟首尋時與二十五正士及諸天子往詣佛所，稽首足下，遷住一面。

光淨菩薩謂軟首曰：「仁者！何故越如來會，獨於屏處而論講經？」

軟首答曰：「族姓子！知如來甚尊而不可當諸佛大聖，由是之故，一切所說，或懼不可，故在一面。」

又問軟首：「說何所法可如來乎？」

軟首答曰：「如吾所說，世尊知之！」

光淨曰：「雖爾，願說其意！」

答曰：「如吾所及今當宣現。惟，族姓子！如有所說不違法界，不失本無，不失本際，所說如是，則可如來。又若所說無所訟理，無所呵叱，無所興為，亦無因緣，無有色像，亦無比類，如是說者奉順如來。無我同像，無他人形，不等法貌，無非法貌，無終始貌，無泥洹貌，如是說者，為可如來。」

於是世尊告軟首曰：「善哉！善哉！快說此言！誠如所云，如是說者不違如來。又次，軟首！假使悉離一切戲樂而無憒亂，若不*本要離諸所想，無有衆想、有所說者，所趣寂然而不動轉，被*大德鎧定意說法，無能毀敗其經典者，不見諸法有所增者、有所滅者，如斯所說，則可如來。」說是語時，八百菩薩得不起法忍。

擧鉢品第三

爾時，天子千二百人在於會中，乃於往古造菩薩行，則忘道意志不堅固，心自念曰：「佛慧巍巍不可限量，無上正真道意難可獲致，菩薩所學而不可逮，最正覺者甚難可得。吾等於是不能學辦，不如改求聲聞、緣覺而取滅度。」

爾時，世尊知諸天子心之所念，以此等倫堪成無上正真之道為最正覺，而欲中廢*遂取小乘，佛欲勸化諸天子故，離於道場在衆會表化作長者，手擎滿鉢百種飲食，賫詣佛所，白世尊曰：「惟願大聖加哀受食！」佛即取鉢。

軟首菩薩興詣佛所，叉手啟曰：「今食盛饍，當念故恩。吾誠信聞：『大聖雖食，而不以法惠及於鄙。』惟宜加施，以法相惠，剋復往意。」
於是賢者舍利弗心自念言：軟首往古有何恩德，於世尊所而言雖食顧前法恩？則白佛言：「軟首童真宿有何恩於大聖乎？而置如來雖當食者，念前法恩。」
佛告：「且待斯須，自當發遣，如來所知，非爾所及。」
佛即尋時捨鉢于地，鉢即下沒遊諸佛土，諸佛正覺今現在者，各各見鉢降其足下，在於下方過七十二江河沙等諸佛國土，至光明王如來國界，界號炤燿，鉢住於彼處于虛空，無執持者自然而立。所往諸佛弟子衆，各各前啟問其世尊：「鉢所從來？」諸佛各告說其意故：「上方世界界號為忍，彼有如來名曰能仁，現在說法，能仁如來故降斯鉢，而欲勸化諸異菩薩志退落者。」
於時，世尊告舍利弗：「汝行求鉢察知所在，而赴致來！」
即時受教，自以智力承佛聖旨三昧正受，以一萬定超萬佛土，遍求索鉢不知所在。還白佛言：「唯然！世尊！求之不見不知所在。」
於時，世尊告大目連⊙言：「汝今且行求索鉢來，察其所在為處何方？」

目連受教以神足力承佛聖旨，三昧正受入八千定，倏忽超過八千佛國，求之不見不知所處。還白佛言：「輒竭神力不蒙執鉢焉能致乎！」

世尊復告須菩提曰：「汝行求鉢知其所歸索齎致來！」

即亦受教，三昧正受萬二千定，恍惚超越萬二千佛土，求不見鉢不知所止。

如是五百諸大聲聞，在於虛空各現神足，三昧之力神通聖勢，天眼徹瞻，各行求鉢，不知所在亦不能得。

時，須菩提即前告白慈氏菩薩曰：「仁者高才，一生補處，如來所莂，當為無上正真道成最正覺，仁慈恩廣，智慧弘達，衆所不及，獨步三界而無有侶，當知鉢處，惟能致之，奉齎來耳！幸屈威尊而舉鉢還。」

慈氏菩薩報須菩提曰：「誠如所云！受如來慧，當成正覺，今者軟首所興定意進止坐起，予所不及，不能曉了於斯三昧。惟！須菩提！雖於來世，吾當成佛，佛菩薩衆數如江河沙，悉為軟首之所開*導，欲知一步，舉足所念，不識所歸。是故，仁者當請軟首，惟斯大士知鉢處所，所止之土，堪任致來。」

時，須菩提啟世尊曰：「願垂恩教！」大聖則遣軟首取鉢。

軟首奉命自思念曰：「吾不起座不離衆會而舉鉢來。」軟首三昧名曰普超，是諸菩薩定意正受。於時，軟首伸其右掌，而內于地過踰下方，所經諸佛無極大聖，一一次第以*手禮之。其手掌中，自然有音，稱：「能仁如來至真等正覺敬問無量：興處輕利，力勢如常，遊居安耶？」其掌手臂一一毛孔，尋自然出*億百千姟光曜之明，一一光明各各變現百千蓮花，一一蓮花各化如來相好具足，處蓮花上加趺而坐，一一世尊各各讚揚能仁如來名德功勳。所可遊歷諸佛之土，應時諸國六反震動，又諸佛國自然大光靡不周遍，一切佛國各各而現有斯手掌。又諸佛土，自然懸繒、幢幡、衆蓋莫不莊嚴，遍散衆花，處處挍飾。軟首手掌過七十二江河沙等諸佛國土，禮諸佛竟，斯須之間忽然即至照曜世界光明王佛國，禮畢自然有大音出，稱能仁如來敬問無量。

光明王如來有侍菩薩名曰光英，自啟如來：「此何手掌？殊妙魏魏威神難及，而自然出億百千姟光明暉赫，一一光明而各化出億百千姟嚴淨蓮華，一一蓮花如來各坐，諮嗟能仁聖哲之勳？」

光明王佛告光英曰：「有，族姓子！上方去此七十二江河沙等諸佛國土，有忍世界，如來、至真、等正覺號曰能仁，現在說法。彼有大士名曰軟首，被戒德鎧不可思議，一切神通力度無極，自在於座而不移起，延手掌來，欲舉鉢還。」

時，光明王佛土諸菩薩衆皆共渴仰，欲得覩見彼忍世界能仁如來、軟首大士。光明王佛悉知衆會意之所見，便放眉頂相光，其光通照七十二江河沙等諸佛國土，上至忍界靡不晃昱，其有衆生被蒙光者，一切獲安無有諸患，如四域皇帝轉輪聖王。諸修行者專精學定，被斯光者悉得道迹；其得禪者，悉過三界，獲四證德；其漏盡者，得八脫門；禪定羅漢，得無著原；其諸菩薩光照身者，普皆逮得日光三昧。如是之比，光明王[1]如來佛土菩薩大士，見斯忍界世尊能仁、軟首童真、一切聲聞比丘聖衆、諸菩薩等。

光英菩薩覩忍世界諸菩薩衆，尋即淚出，便說斯言，自白佛曰：「唯然，世尊！如妙水精如意明珠，墮不淨中，誠可矜惜，此諸菩薩生忍界者，亦復如是，甚可憐感。」

光明王佛謂光英曰：「勿宣是語！所以者何？在此佛土精修禪行至于十劫，不如忍界從明晨旦至早食頃，興發慈心，哀念衆生，此之功德最勝無倫，難可逮及。所以者何？斯諸菩薩大士之衆，無有陰蓋，塵勞*已盡，其於忍界護正法者，德不可量。」

爾時，忍界諸菩薩衆光明照身，則問能仁天中天曰：「唯然！世尊！此何光明，孰演出來，滅諸塵勞，令無瑕穢？」

時，佛告曰：「有，族姓子！下方度此七十二江河沙等諸佛國土，而有世界名曰照曜，彼有如來號光明王，現在說法。其光明王如來至真放眉頂光，其光通照七十二江河沙等諸佛國土，而大晃昱逮照斯土。」

時，諸菩薩及衆聲聞各啟佛曰：「唯然！世尊！我等欲見照曜世界光明王如來諸菩薩衆！」

能仁如來放足心千輻輪光，其光普照下方七十二江河沙等諸佛國土，至照曜界靡不周遍，下方世界諸菩薩衆身蒙斯光，皆悉逮得須彌光明三昧。當爾之時，於斯佛土及彼世界，斯土見彼，彼土見此，轉相覩達，猶如此土閻浮提人，住於地上仰瞻日月。下方世界觀諸菩薩、能仁如來及忍世界，亦復如是。此土人民見於下方，猶如諸天住須彌頂，俯于天下閻浮提*域。斯諸菩薩見光明王如來諸菩薩等，被大德鎧難及難量。

於是軟首以右掌至照曜界彼光明王如來佛土，於虛空中即握取鉢，與無央數億百千姟諸菩薩衆眷屬圍遶踊出上方，手掌擎鉢所歷佛國轉來上者，光明蓮花稍便不現。右手執鉢還忍世界，於大聖前跪而奉授，啟世尊曰：「垂恩受之！」佛即受鉢。時，諸菩薩與軟首掌而俱來者，前詣佛所稽首于地，各各自宣如來之名，某佛大聖致敬無量：「聖體勝常，遊步無限，慧力平康！」諸菩薩衆敬問已畢，退坐一面如佛所教安隱之座。

爾時，世尊告舍利弗：「今且聽斯，善思念之！今為若說。乃*昔往古吾身造行為菩薩時，則是軟首本所建發，今者所以宣置斯*意：『世尊雖食，當念疇昔，法施之恩。』乃曩過去久遠世時，無央數不可計會億百千劫復踰此數，爾時有佛，名莫能勝幢如來、至真、等正覺，世界名無別異。莫能勝幢如來，諸聲聞衆八萬四千、菩薩大士十二億衆。其佛世尊於五濁世，演三乘教，有一比丘而為法師，名曰慧王。明旦著衣執持應器，入弘廣國而行分衛，得百味飯，若干種食。分衛竟，出行於街路，有尊者子，名離垢臂，為乳母所抱而行遊戲。時，離垢臂遙見比丘，遊行趣之，下乳母抱，尋隨比丘，從求飯食。於時比丘與模持蜜摶，幼童即食，知其甘美，遂隨比丘蜜摶欲盡。顧眄乳母意欲還抱，比丘復授蜜摶，幼童復進，稍稍轉至莫能勝幢如來之所，稽首足下則住其前。於時比丘慧王，所得分衛食饍，授與幼童而謂之曰：『童子受斯分衛之具，供養如來尋即受之。』已滿佛鉢，食不減損，次與聲聞八萬四千、菩薩十二億，佛及聖衆，皆悉充飽。如是之供至于七日，飯則如故亦不損減。於時幼童踊躍歡喜，善心生焉，住世尊前，則而頌曰：

佛聖衆飽滿，　鉢食不損耗，　奉事於衆祐，　福田無有疑。

世吼食充足，　鏞饍而不減，　獻進于衆祐，　不疑道無盡。
其饍既不損，　供具轉弘多，　恭敬等正覺，　增長清白法。」

佛告舍利弗：「於時幼童以一鉢食，供養世尊及聖衆，承佛聖旨已心清白，具足七日食不損耗。慧王比丘教訓幼童，歸命於佛及法、聖衆，令受禁戒剋心悔過，勸使請問發無上正真道意。於時父母求索其子，便詣莫能勝幢如來所，稽首作禮退住一面。幼童拜謁，問訊父母，以偈讚曰：

我志願佛道，　愍哀諸群生，　閑暇難得值，　親亦宜誓意。
且觀正覺身，　諸相好莊嚴，　慧度於無極，　孰不發道意。
惟父母見釋，　得出棄捐家，　順妙智慧教，　得學為寂志。
父母即答曰：　我等好樂道，　從爾為明則，　亦欲願捨家。」

佛告舍利弗：「於時，幼童化其父母及五百人，悉念學法志於無上正真之道，皆於佛世棄家為道。時，佛教之行菩薩道，六度無極、四等、四恩，分別解空，精進不懈，自致得佛。卿！舍利弗！欲知爾時慧王比丘為法師者，豈異人乎？

勿作斯觀。所以者何?則軟首童真也!其離垢臂尊者子者,則吾是也!昔往古世,軟首童真以饍見施供養佛衆,令發無上正真道意,則是本身初發意原。以是之故而當知之,今者如來所成聖覺無極之慧,十種力、四無所畏、十八不共、無罣礙慧,皆是軟首所勸之恩。所以者何?因從發意至諸通慧,如佛所蒙因致大道。今吾觀覩十方世界,不可稱限不可計會,諸佛國土今現在者,諸佛世尊同號能仁,悉是仁者軟首所勸,或號咸聖、或號明星、或名所歡、或名錠光、或謂離漏、或謂妙勝。」

佛告舍利弗:「今我一劫若過一劫,宣揚演說諸佛名號,軟首大士所開化者,於今現在轉于法輪不可稱限,何況有行菩薩乘者!或有處於兜率天者,或有退來入母胞胎而復出生捨家為道,或坐佛樹,或處道場,成最正覺不可限喻,其有欲說誠諦之事審實無虛。軟首童真則諸菩薩之父母也!愍哀勸化興顯大道,所生親者,則當謂於軟首童真。向者軟首宣揚報恩,今復伸說:『雖當食者,施我鉢饍所食之餘,吾前世時先有所施。』正謂於斯。」

爾時，千二百諸天子欲墮落者各心念言：「當堅其志恭敬於法，察諸因緣去諸根原。今者現在世尊前所發願，軟首勸化及開餘人，使至于道而不退轉於無上正真，吾等云何而欲墮落？吾等何故在如來前，興卑賤意志崇小節？今當捨於聲聞、緣覺，慇懃志求無上正真道意。」

軟首伸掌示現變化，乃至下方光明王佛所處國土，而致鉢來一切普入。又復講說往古開化所說經典，下方佛土此世尊界，不可計數衆生之類即發道心，十方世界群萌之儔，悉來供養軟首童真，諸佛世尊皆遣寶蓋供施經典。彼時寶蓋則覆三千大千佛國，從其寶蓋自然出音：「誠如能仁尊如如來所讚稱揚，悉是軟首之所勸化。」

文殊師利普超三昧經卷上

文殊師利普超三昧經卷中

西晉月氏三藏竺法護譯

幼童品第四

爾時，世尊告舍利弗：「假使有人為族姓子、若族姓女，欲疾滅度，當發無上正真道意。所以者何？今吾覩見懼終始難而不肯發無上正真道意，志願聲聞疾欲滅度，續在生死而有所慕；然諸菩薩通達精進，等住於法，逮諸通慧，為一切智。所以者何？乃往久遠過去世時，不可計會不可思議無央數劫，時有如來號一切達，興出于世，如來、至真、等正覺、明行成為、善逝、世間解、無上士、道法御、天人師、為佛眾祐。」

佛告舍利弗：「其一切達如來正覺聲聞集會有百億衆，其佛壽命住百千歲。佛有聲聞上首弟子，智慧巍巍，名曰超殊；神足飄捷，次名大達。於時，如來興五濁世，明旦正服著衣持鉢，與諸聖衆眷屬圍遶。有大國號名聞物，入於斯城而行分衞，其大聲聞，智慧最尊侍佛之右，神足最上侍佛之左，智慧博聞最殊勝者隨從佛後，八千菩薩而在前導，或化現身若如帝釋，或如梵天、如四天王、或天子形，嚴治道路。」

佛告舍利弗：「彼時，如來向欲入城，見三幼童，衆寶莊挍瓔珞其身，逍遙中路而共遊戲。時，一幼童遙見如來晃然顯赫，威神巍巍，端正無倫，諸*根寂定，志性澹泊，獲上調順，第一靜寞，降伏諸根，如仁賢龍象，如大淵渟，清澄無垢，有三十二大人相、八十種好遍布其體，如日出時，光燿奕奕，與大衆俱，如星中月。時，一幼童謂二童曰：『汝等豈見如來乎？是者則為一切之尊，無上衆祐！為世福田，光明灼灼，煒曄難當，吾等僉然宜供養之，其進施者利慶弘大。』以頌讚曰：

斯者衆生尊，　福田無有上，　當供俱供養，　施此祚無量。
「第二幼童曰：
今我無異花，　亦無雜澤香，　斯聖無等倫，　當何以供養？
「於是一童即脫頸著珠瓔，價直百千，以頌讚曰：
當以此供養，　無上之福田，　何所明智者，　見斯有所恪！
「於時，二童効彼童子，各各解脫頸著珠瓔，以手執持而歌頌曰：
具供養正覺，　度汎湍江波，　脫無量志意，　住于平等法。
「爾時，一童謂二童曰：『汝等以斯德本，何所志求？』一童子曰：
其在世尊傍，　右面大聲聞，　智慧尊第一，　吾誓願如斯！
「二童子曰：
猶如世尊傍，　左面大聲聞，　神足超最尊，　吾誓願如斯！
「於時二童謂一童曰：『族姓子！以斯德本，欲誓何願？』一童報曰：
如今者如來，　至真等正覺，　普見一切達，　猶若師子步。

炤燿大衆會，　吾身誓若斯，　三界尊第一，　度脫諸十方。

「時，一幼童*適說此已，尋虛空中八千天子俱讚歎曰：『善哉！善哉！快說此言。今仁發意，天上世間悉蒙救護。』」

佛告舍利弗：「時，一切達如來正覺邊有侍者名曰海意，博聞最尊而告之曰：『寧見三童各執珠瓔而遊來乎？』對曰：『已見！天中之天！』世尊告曰：『比丘！欲知中央幼童建其志性巍巍難量，一一步中超越百劫終始之患，其一舉足功德之本，當更百臨轉輪聖王，受帝釋位亦復如斯，昇生梵天為梵天王亦當如是，一一舉足功德之本更見百佛。』時，三幼童往詣一切達如來所，稽首足下，以寶珠瓔散世尊上。其發小意為聲聞者，所散珠瓔住兩肩上；其一童發諸通慧心，所散珠瓔在於佛上虛空之中，變為交露重閣棚帳，四峙周障莊嚴平等，化於其中而為床座，如來處之。於是一切達如來尋而欣笑，侍者啟問：『唯然！世尊！以何故笑？笑會有意。』如來告曰：『海意！汝覩於斯二童發聲聞意，手執珠瓔散如來乎？』對曰：『已見！大聖！』又告比丘：『欲知二童懼生死難，發怯弱意，意求救護，猶是不發無上正真道意，欲得聲聞為尊弟子，然後來世皆當得證，一者、智慧最尊，二者、神足無雙。』」

佛告舍利弗：「卿意疑乎？時，中央童發諸通慧者，則吾身是；願右面童者，舍利弗是；願左面童者，大目揵連是。舍利弗！觀卿等本時懼生死難，雖殖德本，不能發無上正真道意，心志怯弱，欲疾滅度，不能超速，甫因吾法而得無為，今寧覩吾諸通慧耶？汝等之友為佛弟子乃得解脫，以是之故當作斯觀：『假使有人欲*疾滅度，當發無上正真道意。』所以者何？所言超速，謂諸通慧莫能過者，諦而無欺，其乘第一，普安一切群生之類，則諸通慧也！為最微妙特尊無上，為無等倫無有疇匹，為無雙比無能出*過，無罣礙乘，一切聲聞、緣覺之乘所不能及，是則名曰諸通慧乘。」

佛時說斯大乘法典，則一萬衆人發無上正真道意。應時，彼諸大聲聞賢者舍利弗、大目揵連、大迦葉、離越、阿難、律和利、分耨文陀尼子、尊者須菩提等，自投于地，稽首佛足，俱白世尊：「唯然！大聖！若族姓子、族姓女發大意者，當供養之，微妙解脫處至真行。所以者何？正使百千諸佛世尊為吾等說諸通慧行，不能堪任，無有勢力，發通慧心，一切慧者，無所罣礙，殊勝難及。寧令吾等犯五逆罪在於無間而不中止，不捨於無上正真道意而為聲聞。所以者何？設犯逆罪墜于地獄受諸苦毒，其痛會畢從地獄出，而不違遠無所罣礙諸通慧心。計如今者，當何所施？無所堪諧，焚燒正真，敗壞根原，於茲佛慧，無罣礙智，非是佛器。譬如終沒之士無益親屬，吾等如是以聲聞乘而志解脫，捨於一切，無益眾生。譬如此地，多所饒潤一切羣萌，二足、四足、若多足者。如是，世尊！其發無上正真道意，天上天下蒙恩獲度。」

無吾我品第五

爾時，世尊說斯本末向欲竟已，王阿闍世乘駟馬*車，將四部兵：象、車、步、騎，往詣佛所，稽首佛足，右遶三匝，退坐一面，白世尊曰：「唯！天中天！眾生所住何所依因？何緣而興？何由得罪？」

佛告王曰：「已住吾、我、人、壽命者，衆生由此而造罪釁；依猗貪身，興緣顛倒，羣萌因斯而起災患。」

又問：「其貪身者，根原所在？」

世尊答曰：「其貪身者，無慧為本。」

又問：「其無慧者，何所為本？」

答曰：「所念邪*友則是其本。」

又問：「所念邪*友，何所是根？」

答曰：「虛偽是根。」

又問：「虛偽何所是根？」

答曰：「無實諸想，是則為根。」

又問：「無實諸想，何所是根？」

答曰：「謂無所有、無覺是根。」

又問：「何謂無有、無覺？」

答曰：「謂無生、無有，是謂無覺。」
又問：「不生、不有當何計之，數在何所？」
答曰：「其不生、不有，彼無有計。」
又問：「狐疑之事，何因緣起？」
答曰：「其狐疑者，從猶豫起。」
又問：「猶豫為何所是？」
答曰：「賢聖所說誠諦之語，聞則懷疑，斯謂猶豫。」
又問：「何所賢聖，何言審諦？」
世尊答曰：「其賢聖者，謂除一切愛欲諸見；其審諦者，知一切法悉無所有。」
王阿闍世白世尊曰：「所謂賢聖、無所有者，實為虛偽。世尊！安住從已勞塵而造立之，猗著于世間，諸賢聖所講說者，而心猶豫，獲不可計殃釁之罪。我乎，世尊！父無愆咎，無所輢綴而危其命。貪國土故，*惑於財寶，迷于榮貴，荒於產業，耽利宰民而圖逆害，持疑怵惕不能自寧，若在歡會戲樂無娛、若在中宮婇女嬉遊、若坐若臥有所決正、若在獨處聽省國事處群僚上，晝夜憂悖不能捨却，沈吟之結不歆飲食，雖有美饌不以為甘，其目昧昧，所覩瞢瞢，顏貌憔悴，心恒戰灼，所處不安，畏壽終後墜于地獄。仰惟如來，其恐怖者能使無懼，其盲冥者惠授眼目，其沈沒者而拯拔之，遭苦惱者使獲大安，無所歸者而受其歸，其無護者而為救濟，其貧窮者給施財業，其有病者消息療治，其墮邪徑示以正路，其在正路為興大哀，其心忍勞不以為患，等恤群黎，其慈堅固，究竟本末，不以苦樂而有動轉。如來所興救度衆生，無所遺漏不捨一人。私怙世尊垂恩安慰，除其惶懅，孤無有救，惟為作救，令飢渴者而得飽滿。今已虛乏而欲躄地，惟蒙扶接，今無所歸願受其歸，今已沈沒，願加拯拔，我身得無墮大地獄至于無擇。唯然！大聖！如應說法，決我狐疑，解散愁結，令無猶豫，使其重罪而得微輕。」

於時世尊而心念曰：「王阿闍世所說聰達而甚微妙，所入之法甚為優奥，其餘人者莫能堪任為決狐疑，令無餘結，其惟濡首能雪滯礙。」

時，舍利弗承佛聖旨，謂王阿闍世：「欲辨疑惑當饌餚饍請濡首童真，則當決王虛偽塵勞、狐疑之結，鎮安國土及與中宮，受王床榻，衆諸供饍。中宮婇女及諸侍從獲無量福，羅閱祇城摩竭大國無數衆生皆*享利*義。」

阿闍世王即前啟白濡首童真：「惟加愍哀！與其營從受小飡食！」

濡首答曰：「大王且止！已具足供。於正法律未有是記，受于衣服，若食饍具，悕望加哀。」

王則又曰：「當何陳露，呈現丹赤？」

濡首答曰：「假使大王聞深妙業，殊特真議，不恐不怖，不以畏懅，不以震慴，不難不懼，乃為加哀。正使大王，不想念法，亦非無想，無想不想，如是行者乃為加哀。縱使大王不想去心，亦無不想，不念來心，亦無不想，於現在心，亦無所受，乃為加哀。設使大王不墮邪見，亦不滅除，亦無所見，亦無不見，乃為加哀。」

王阿闍世又白濡首曰：「今之所說，悉法所載，惟見愍傷，當受其請！」

濡首答曰：「王當知之！法律所載不以恩施供養分衞衣食之饍。若使大王不計有我，不計有人，不計有壽，不計有命，乃為加哀，為受供施。設使大王不自愛身，不愛他人，悉無所取，乃為加哀。假使大王不攝斂心，不計因緣，不在陰種諸入之事；無有內法，無有外法；不受三界，不度三界；無善不善，無德不德；不處於世，亦不度世；無罪，無福；亦無有漏，亦無不漏；亦不有為，亦不無為；不捨生死，不受滅度，是為加哀。」

王答曰：「唯然！濡首！吾當啟受如斯法議，以是之故，當就余請，哀垂愍傷下劣徒類！」

濡首答曰：「王當了之，設使諸法有所猗者、有所受者、有所得者、有所救護，則不蒙哀，不得至安。如使於法，有所著者而為想念，有所立處而為放逸，皆為依著，想念有處放逸之護。設使大王究竟望畢，極至永安，乃無有患；如令大王復有所作，則不荷哀，不至安隱。」

王阿闍世又問濡首曰：「受何所法而無有患，至無所有？」

濡首答曰：「若了空者，而無所作，亦無所不作；無想、無願，亦無有作，亦無不作。若使大王有所造立而為行者，身口意行則是所作；假使不有所作亦無所行，以身口意而無所造，則無所作。是故，大王！一切諸法悉無有相，其無所行、無所有者，則是其相。」

又問濡首：「何謂所行而無所行，不有所造亦無不造，不增不減？」

濡首答曰：「假能不念過去已盡，不念當來未至，不念現在而無所起，不想有常無常，是為無行亦無不行。其能等色，於諸因緣而為衆緣，不增不減。」

又問濡首：「塵勞之欲，為是道乎？云何與合？」

濡首答曰：「王意云何？其*日明者與冥合耶？」

答曰：「不也！日明*適出，衆冥皖滅，王寧別知冥所去處乎？在於何方？積聚何所？」

答曰：「不及！」

濡首曰：「如是，大王！興道慧者，塵勞則消。不知塵勞之所湊處，亦無有處，無有方面。以是之故，當了知之，道與塵勞而不俱合，又等塵勞則名曰道，等於道者，塵勞亦等，塵勞與道，等無差特，一切諸法亦復平等，假使分別如斯議者，塵勞則道。所以者何？以塵勞故，現有道耳！塵勞無形，亦無所有，①求塵勞者，則為道也！」

王又問曰：「云何求於塵勞而為道乎？」

濡首曰：「設有所求，不越人心，亦不念言：『是者塵勞，是為道也！』以是之故塵勞為道，其塵勞者亦入於道。」

王又問曰：「云何塵勞而入於道？云何為行？」

濡首曰：「於一切法而無所行，乃為道行；於一切法亦無不行，是為道行。」

王又問曰：「行道如斯，為何歸趣？」

濡首曰：「如是行者，為無所趣。」

王又問曰：「道豈不至泥洹乎？」

濡首問曰：「寧有諸法至滅度乎？」

答曰：「不也！」

濡首曰：「是故，大王！至無所至，為賢聖道。」

又問曰：「其賢聖者，為何所處？」

濡首曰：「其賢聖道，則無所住。」

又問曰：「其賢聖道，不處禁戒、博聞、定、慧乎？」

濡首曰：「賢聖戒者，無有行相，無放逸相，為聖定意；無所著相，為聖定意；無所念相，為聖智慧。王意云何？其無所行、無有放逸，有所處乎？」

答曰：「不也！」

濡首曰：「以是之故，王當知之！無所住者，則賢聖道。」

王又問曰：「族姓子、族姓女云何向道？」

濡首曰：「假使所求，不覩諸法有常無常，亦無所得；不計諸法有淨無淨，有空無空，若我無我，若苦若樂；於諸法者，亦無所得，不見諸法在於終始、若滅度者。如是行者，為向於道。」

王阿闍世白濡首曰：「以是之故惟當受請，因斯使余離諸顛倒，令得解脫分別淨行，與諸眷屬而就宮食。」

濡首曰：「向者說之，悉無所有，無有生者，無有善哉與不善哉，其無所有，無有解脫，其解脫者，則無所有，亦無解脫，亦無脫者。所以者何？一切諸法皆自然淨。」

爾時，世尊告濡首曰：「受阿闍世王請！以此之緣令無數人逮得利誼，至安隱度。」

濡首童真見世尊勸，則言：「唯諾！當受其請！不敢違失如來教故。」阿闍世王歡喜踊躍，已見受請，善心生焉，稽首佛足及濡首童真，一切聖眾便退還出，請舍利弗：「濡首眷屬為有幾人？」

舍利弗答曰：「五百人俱而當往就。」

王入于城，還於宮中，即夜興設若干食饍，百種之味，施五百榻，無量坐具而敷其上，莊嚴宮殿懸繒幡蓋，燒名雜香而散眾花，及四衢路，普城內外皆悉掃除，灑以香汁，令國人民男女大小，莊校嚴飾齎持香花，咸俱奉*迎濡首童真。

總持品第六

於是濡首於初夜中，從其室出而自思念：「吾身不宜與少少人眷屬而俱就於王請，今吾且當詣異佛土請諸菩薩，皆令普聞，講說經法，斷諸狐疑，就阿闍世王宮而食。」濡首童真如勇猛士，屈伸臂頃忽然不現，斯須超越八萬佛國，至于東方常名聞界，其佛號離聞首如來、至真、等正覺，今現在說法，為諸菩薩說清淨典。其佛世界，如來一時等轉六度無極，自然通達具足，廣宣不退轉法。其佛國土，一切諸樹若干種花，菓實茂盛，每從其樹，常自然出佛聲、法聲、不退轉輪菩薩衆聲，是故世界號常名聞；斯道寶聲常不斷絕，故曰常名聞。

濡首童真詣離聞首佛所，稽首足下白其如來：「唯然！世尊！遣諸菩薩與余俱往至于忍界，詣阿闍世宮而就其請。」

離聞首如來告諸菩薩曰：「諸族姓子！與濡首俱詣忍世界，從意所樂。」

於是會中二萬二千菩薩大士，同時發聲應：「唯◎然！世尊！我等願與濡首俱詣忍界。」

於是濡首與二萬二千菩薩，從常名聞國忽然不現，至於忍界，自處其室，濡首會諸菩薩大士，而於初夜說總持法：「何謂總持？所以總持統御諸法一；心未嘗忘二；所至無亂三；其心未嘗有捨廢時四；學智慧業五；精覈諸法審諦之義六；分別正慧七；得果證者，但文字耳八；度至寂然九；條列一切諸法章句十；攬賢聖要一；不斷佛教二；不違法令三；攝取一切賢聖之衆四；於諸經法，部分典籍五；入於一切，殊絕智慧六；不著衆會亦不怯弱七；遊步衆會，宣揚經典，無所畏憚八；出諸天音，料簡明智九；於天、龍、神、阿須倫、迦留羅、真陀羅、摩休勒，探暢其音而為說法十二；出釋梵音一；覺了平正，知諸根原二；識練邪見，諸所立處三；總持觀察，一切衆生，根原所趣四；所住等心五；於世八法而不動轉六；具足一切真正之法七；隨其罪福，報應果證，而為說法八；興發衆生所造志業九；立諸羣黎，處于禁戒十三；其慧普入一；為諸衆庶，代負重擔二；不以勤勞，而有患厭三；解脫諸法，本性清淨四；以斯本淨，而為人演五；以本淨慧，解說道誼六；慧無罣礙七，習設法施[八]，其心堅固，未嘗懈倦[九]，有所說者，無有疑結[十四]，不貪一切供養利入[一]，而不忘捨，諸通慧心[二]，力勵集累，衆行基靖[三]，布施無厭，而每勸助於諸通慧[四]；禁戒無厭，以斯勸化一切衆生[五]，忍辱無厭，求佛色像[六]，精進無厭，積衆德本[七]；一心無厭，修行專精，使無衆冥[八]，智慧無厭，入一切行[九]，以道法業，於此一切而無所生[十五]。

「諸族姓子！所謂總持，攝取一切不可思議諸法要誼，持諸法無所行，無行故曰總持。

「又，族姓子！其總持者，攝持諸法。何謂總持諸法？攬執諸法一切皆空，攬執諸法一切無想，攬執諸法一切無願，離諸所行寂寞無形，悉無所有亦無所覺，亦無所行，無有處所亦無所生，亦無所起，亦無所趣，亦不滅盡，無來無往亦無所壞，亦無所度，亦無所敗，亦無所淨，亦無不淨，亦無所嚴，亦無不嚴，亦無所著，亦無所有，亦無所見，亦無所聞，亦無所忘，亦無所教，亦無有漏，亦無想念，亦不離想，無應不應，亦無顛倒，亦無滿足，無我無人，無壽無命，亦無放逸，亦無所受，亦無所取，亦無殊特，猶如虛空，無有名聞亦無所獲，無所破壞亦無有二，審住本際，一切法界、一切諸法，住於無本，是謂總持。

「又，族姓子！一切諸法譬若如幻，而悉自然總持諸法。自然如夢，自然如野馬，自然如影，自然如響，自然如化，自然如沫，自然如泡，自然如空。分別諸法而如此者，是謂總持。」

濡首曰：「譬如，族姓子！地之所載，無所不統，不增不減，亦無所置，不以為厭；假使菩薩得總持者，則能利益一切衆生，恩施救濟無央數劫，衆德之本，至諸通慧，心而總[①]持，亦無所置，不以為厭。

「譬如，族姓子！於斯地上，一切衆生而仰得活，兩足、四足靡不應之；菩薩大士得總持者，亦復如是，於群生類多所饒益。

「譬如，族姓子！藥草、樹木、百穀、衆果皆因地生；假令菩薩逮得總持，亦復如是，便能興闡一切德本，諸佛之法。

「譬如，族姓子！地之所載，亦無所置，亦不憂慼，不動不搖，不以增減；

菩薩如是亦無所置，不以憂慼，不增不減，亦不動搖。

「譬如，族姓子！於斯地上，悉受天雨，不以為厭；菩薩如是逮總持者，悉受一切諸佛典誥，及諸菩薩一切緣覺、聲聞之法，餘正見士、平等行者、沙門、梵志、一切衆生、天上、世間聞其說法不以為厭，聽所說經，不以為惓。

「譬如，族姓子！地之所種，皆以時生，不失其節，亦不違錯，應時滋長；菩薩如是逮得總持，統攝一切諸功德法，不侵欺人，亦不失時，具足所行坐於佛樹，處在道場，至諸通慧。

「譬如，族姓子！勇猛高士，在於邦域而入戰鬪，降伏怨敵無不歸依；菩薩如是得總持者，處於道場，坐於佛樹，降伏衆魔。

「譬如，族姓子！撿起一切法有常、無常，若微妙者，安隱非我，及計無常，及諸瑕穢，及苦、非我。所以者何？惟！族姓子！已離二故，則謂總持。

「譬如，族姓子！虛空無不受持，亦非總持，亦無不持；菩薩如是得總持者，攬攝一切諸法之要。

「譬如，族姓子！一切諸法及諸邪見，皆悉為空，悉總持之，菩薩如是得總持者，無所不攬，總持如是，救攝一切諸法之誼。是為，族姓子！計總持者，無有盡時，已無有盡則無放逸，已無放逸則處中間，已等處者即無有身，則*處空界，已如虛空，虛空及地則無有二。」

濡首童真說此言時，五百菩薩得斯總持。

三藏品第七

時，濡首童真於中夜為菩薩大士講三篋藏菩薩祕典：「何謂菩薩篋藏祕要？*覩諸經法，無不歸入於此篋藏，若世俗法、度世法，有為法、無為法，若善法、不善法，有罪、無罪法，有漏、無漏法，悉來歸趣入菩薩藏。所以者何？菩薩篋藏經典要者，曉了一切諸法之誼。譬，族姓子！此三千大千世界，百億四天下大地，百億日月，百億須彌山王，百億大海，悉卷合入三千大千世界為一佛土。如是，族姓子！若凡夫法及餘學法，若聲聞法、緣覺法，若菩薩法及與佛法，悉來入歸菩薩篋藏。所以者何?菩薩篋藏一切攝護聲聞、緣覺,將養大乘。譬,族姓子!其樹根株堅固盛者,枝葉華實則為滋茂。又,族姓子!設有攝取菩薩篋藏菩薩大士,則為攝取一切諸乘,將養一切衆德之法。

「菩薩藏者名無量器。所以名曰無量器者,譬如大海受無量水,為包含器不可計實,諸龍、鬼神、揵沓惒、阿須倫、迦留羅、真陀羅、摩睺勒,及衆生類在禽獸者,含受此等為無限器;菩薩藏者經典祕要亦復如是,為無限施、聞、戒、定、慧、度知見器,以故名曰菩薩篋藏。譬如含血之類生大海者,以生於彼,不飲餘水,惟服海水,菩薩如是行菩薩藏,不於餘法有所造行,惟常修行諸通慧誼,以故名曰菩薩篋藏。

「又,族姓子!菩薩有斯三篋要藏。何謂三?一曰、聲聞,二曰、緣覺,三曰、菩薩藏。聲聞藏者,承他音響而得解脫;緣覺藏者,曉了緣起十二所因,分別報應因起所盡;菩薩藏者,綜理無量諸法正誼,自分別覺。又,族姓子!其聲聞乘無有三藏,其緣覺者亦無斯藏。諸所說法,菩薩究練三藏祕要,因菩薩法而生三藏，聲聞、緣覺、無上正真道，故曰三藏。菩薩說法勸化眾生，令處三乘聲聞、緣覺、無上正覺，是故菩薩名曰三藏。

「有斯三藏無餘藏學。何謂為三？聲聞學、緣覺學、菩薩學。何謂聲聞學？但能炤己身行之相；緣覺學者，是謂中學；行大悲者謂菩薩學，至無量慧攝取大哀。其聲聞者，不學緣覺之所學者，亦不曉了；其緣覺者，不學菩薩所學，亦不曉了。又菩薩者，悉學聲聞所遵學者，皆曉了之，不願樂彼，亦不勸助修其所行；學於緣覺所遵學者，悉曉了之，不願樂彼，亦不勸化使修其乘。又菩薩者，學於菩薩當所學者，悉曉了之，願樂勸修其乘所行，勸所行已，則說聲聞所行解脫，亦講緣覺所行解脫，分別菩薩所遵解脫。如是，族姓子！其有曉了此所學者，是則名曰菩薩篋藏；如琉璃器有所盛者，應時一切示自然性，如琉璃色。

「如是，族姓子！菩薩假使入菩薩藏所可遊居，於諸法者見一切法悉為佛法。菩薩假使入菩薩藏，不覩諸法而有處所。設有覺了諸佛乘者，不見諸法之所像類。其不學於菩薩學者，則見諸法而有處所。設學菩薩之所學者，不見諸法而有處所。設學菩薩之所學者，不見諸法有所住處，其不修行，計斯一切皆為自然。

「如是，族姓子！假使菩薩入菩薩藏，在在所行、所遊諸法，一切悉見諸佛之法。假使菩薩入菩薩藏，不見諸法有所像類；設使曉了諸佛法者，則亦不覩諸法之處。學菩薩學，不見諸法之所歸趣。其不修觀，彼則覩見一切諸法，而有逆順；一切衆生覩不順者，菩薩皆見諸法順正，覩於諸法，無有一法非佛法者，是故名曰菩薩篋藏。

「又，族姓子！菩薩藏者，說無崖底，文字所演，順而應時不可計量，所立之處不可思議，垂顯光明靡不通達，無有邊際莫不炤燿，多所利益，悉令歸趣於諸通慧，而令群萌悉樂無本。假使有學於彼學者，甫當學者，一切悉當入此菩薩篋藏，則至大乘。已欲學者，方當獲者，其不至者，悉使得至，而令普入。」

如是濡首為諸菩薩衆會者，在於中夜說菩薩藏經典祕要，廣分別演誼歸所趣。

不退轉輪品第八

濡首童真復於後夜，為諸菩薩大士，廣宣講說不退轉輪金剛句跡：「何謂不退轉輪？又，族姓子！所以名曰不退⊙轉輪者，如*令菩薩說經法時，若來聽者悉獲誼歸，不復迴還，便而講說不退轉輪，令其信樂。不退轉輪菩薩行者，不為眾生造若干行，不為諸法修若干行，不於諸國土興若干行，不於諸佛*起若干行，不於諸乘行若干行，一切所至而悉普見，轉於法輪不壞法界，是謂乃為轉於法輪，是故名曰不退轉輪。彼所轉輪而無斷絕，其輪修理無有二輪，其輪如是如悲哀輪，其輪所趣自然之誼，在己所至，其輪所趣法界場輪。

「又，族姓子！假使菩薩信樂於斯不退轉輪，則得解脫己身之患，則為信樂一切所信，一切所想，如來所興悉亦信之，以信得脫。於如來者，無有二脫，亦不*脫二。如其如來相好、解脫諸法之相，一切法想信如來脫則無有想，已離脫相則至自然，濟于己身。如是之行莫能勝者，亦莫能踰於斯慧者，是故名曰不退轉輪。

「又，族姓子！不退轉輪不退于色，色自然故，痛、想、行、識亦復如是，識不退轉，識自然故。所以者何？則不退轉一切諸法，猶如無本，則為法輪，是故名曰不退轉輪。其法輪者，無有邊限、無維、無隅、無有斷絕，無常輪故。其法輪者，亦無有門，無有二故，則法輪門。其法輪者，無能轉者，無所轉故。其法輪者，亦無所說，法輪無言故。其法輪者，亦無名稱，無所顯曜。輪無獲故，又復計此不退轉輪，入於空無所遊相故，澹泊門者無來相故，普有所至為空相故，一切等御本淨無相，是故名曰不退轉輪。

「又，族姓子！不退轉輪有所遊行而有所至，是故名曰不退轉輪；有所放捨徑有所至，是故名曰不退轉輪。」

如是濡首謂諸菩薩：「又，族姓子！所以名曰金剛句跡，一切諸法皆悉滅寂。何謂滅寂一切諸法？又，族姓子！已了空者，金剛句跡也，消諸邪疑六十二故；其無想者，金剛句跡也，斷絕一切諸想念故；其無願者，金剛句跡也，皆度一切五趣有為，令滅寂故；其法界者，金剛句跡也，超越若干諸彊界故；其無本者，金剛句跡也，致無我滅寂故；離色欲者，金剛句跡也，蠲除貪欲諸所有故；緣起行者，金剛句跡也，不壞本性故；察無為者，金剛句跡也，見諸法自然故。」

濡首童真為諸菩薩竟於三夜普分別法，彼諸菩薩皆得親近光明華三昧。菩薩設逮於此定者，一一毛孔放百千光，一一光明化現百千諸佛儀容。又斯諸佛天中之天所在佛土，現作佛事，開導衆生，群萌疇類迎逆接納，聽受法教。

變動品第九

爾時，王阿闍世明旦早起，詣濡首所而稽首曰：「供具已辦，時至可行。」賢者大迦葉晨朝夙興，著衣持鉢，與諸比丘五百人俱，欲入舍衛大城分衛，於中路念：「吾行分衛時如大早，寧可造見濡首童真。」*適設斯念，尋便往至，則與濡首言談敘闊，演說堅要。

濡首而謂之曰：「唯！大迦葉晨何所湊？」

答曰：「欲行分衛，故來諮受。」

濡首曰：「今當就吾食所設饍，與眷屬俱，吾當與仁分衛之具。」

迦葉答曰：「俱具已達，吾以法故而來至斯，不以食饍。」

又曰：「迦葉！惟當受請，供受二事，大法供養、飲食之饍。*亦不釋法，亦不失食。」

迦葉答曰：「鄙等之學，以用法故，絕饍不食，盡其形壽，志在於法。所以者何？不從他人乃能得致如斯法門，如從仁者所說正誼。」

又問：「今者濡首及諸菩薩為於何食？」

濡首報曰：「吾等所食及施與者，亦不長益亦不耗減，不動生死不近泥洹，亦不超度凡夫之地，亦不證明賢聖之法，不越聲聞，不捨緣覺，吾等當說彼之所請。其布施者，亦不淨除*惠與所識，不損而益，不至解脫；於諸經法亦無所興，亦不得法，亦無所釋。」

迦葉答曰：「是為大施無極廣施，已入無本之所致也！」

爾時，濡首心自念言：「今日入城寧可如佛感動變化。」應時以衆神足變動三昧而為正受。*適以是定為正受時，尋即一切於是三千大千世界，普悉等住，平若手掌，普此佛國，其大光明靡不周遍，其在地獄遭苦患者，即時休息；畜生、餓鬼諸不安者，尋獲安隱；衆生之類，心悉開解，無婬、怒、癡，無慳嫉者，亦無諛諂，無有瞋恚、憍慢之結，無所興起，亦無熱惱。爾時，衆生展轉相瞻，如父如母，覩此三千大千世界六反震動，欲行天子、色行天子，悉來集會供奉*濡首，鼓樂絃歌，倡伎百千，雨於天花，嚴治途路。

濡首童真*適興斯定，從其室宇至于城門，自然莊嚴，途路平整，既廣且長，皆以七寶無央數珍，若干挍飾自然出現。不可計寶化為寶塹，中生蓮花、芙蓉、蔛花充滿煒曄，塹上化造，珠交露帳，而起幢幡、繒綵花蓋。其塹周匝遍有欄楯，欄楯左右，皆有寶樹而甚高大，以諸寶繩，展轉連綿，繫諸寶樹，一一寶樹邊有寶架，皆置香爐燒諸名香，一一香爐，燒諸香者聞四十里。諸樹中間化寶浴池，有八味水盈滿池中，底悉金沙，以寶欄楯周匝繞池，琉璃為崖，悉生青蓮、芙蓉、蔛華。諸寶樹下以寶為地，一切寶地，列寶香瓶而燒名香，一一寶樹，五百玉女，儼然羅住，各各建立布施之德。濡首*適以斯定三昧正受應時即有，為彼異學外道之師示現變化，巍巍無量靡不亘然。

濡首童真則從坐起，著衣持鉢而欲發行，謂迦葉曰：「唯！大迦葉！便可在前，吾今尋後。所以者何？尊大迦葉年即耆宿，素修梵行，久為沙門，未見如來而出家學，計於世間所有羅漢，皆從仁後，有所啟受，以是之故，宜當在前，吾今在後。」

迦葉答曰：「計於法律不以年歲而為尊長，法律所載智慧為尊，神智聖達乃可為尊，博聞才辯乃曰為尊，諸根明徹乃曰為尊，法律所記以斯為尊。由是計之，濡首童真智慧巍巍，博聞普達，辯才無礙，曉了一切衆生根本，以是之故，最長弘遠，仁為大尊，宜當在前，余應在後，今欲假喻分別此誼。」

迦葉又曰：「譬師子之子*適生未久，雖為幼少氣力未成，其師子子有所遊步，其氣所流，野鹿諸獸聞其猛氣，皆悉奔走。若有大象而有六牙，其歲六十又身高大，若以革繩繫之三重，聞師子子威猛之氣，恐怖畏懅，跳騰盡力，斷三重繫，馳走奔突，入于山谷谿澗，林藪巖樹之間，若入大水而自沈沒；樹禽棲翳，走獸藏竄，水居魚鼈潛逃于淵，又諸飛鳥翔翶虛空。發意菩薩亦復如是！假使發意智慧，道力未孚成就，心猶憍仰習師子步，過諸聲聞、緣覺之路，一切衆魔自在宮殿，志懷恐懼不能自安。設師子子見餘師子，威力猛勢，若師子吼，聞其音聲不恐不怖，亦不懷懅，無所畏難，益以踊躍，衣毛悅澤，乘其力勢亦當鳴吼；如是濡首大士聞佛師子吼時，不恐不怖，亦不懷懅，無所畏難，歡喜踊躍安心生焉。吾亦當習猶如今佛師子之吼，假使有說平等正真聲聞、緣覺，如來為尊，發意菩薩則是為本。斯言至誠平等無邪。所以者何？由是出生一切諸法而普顯現，以故明知濡首為尊，其年幼少則是聖長，宜當在前，吾當從後。」

　　濡首童真尋在前行，菩薩次之，諸聲聞衆乃繼其蹤。濡首*適向嚴莊寶路則雨天花，無數伎樂不鼓自鳴，應時其地，六反震動，其大光明靡不灼徹。於時，濡首所現變化威神感動，放大光明，雨花香熏，諸音樂聲相和而鳴入王舍城。

　　王阿闍世籌慮，濡首與二萬三千衆菩薩俱，及諸聲聞眷屬圍遶，而來進路，即懷恐懼：「今吾整設五百人供，來者猥多，安能周遍當焉所坐？以何飼之？」

心又念言：「濡首童真果相疑誤，則發此心。」應時，濡首威神聖德之所建立，息意天生即自化身，金仳鬼神變微妙體，則謂王阿闍世曰：「大王！且止！勿以為慮，無用勞悒。濡首童真善權方便，智慧無極，現大功德，威靈赫奕，恢闡神力，光祚堂堂，昇路來臻，一人之食能以周遍三千大千世界，衆生疇類悉令充滿，何況於斯二萬三千眷屬來者！以是之故，不足勞慮。大王！且安！勿復加供，一切來者悉當豐足。所以者何？濡首大齎，求得無盡，衆祐難量。」王阿闍世應時踴躍不能自勝，則以弘意念於濡首，如佛世尊。

王阿闍世與諸群臣中宮官屬，齎持花香，雜擣澤香，衣服之具，幢幡繒蓋，伎樂琴瑟箜篌，奉迎濡首，稽首禮畢，侍從濡首入城歸宮。濡首與諸眷屬初入城時，城內蒸民各齎所有以來供養。

時，於會中，有一菩薩名曰普觀，濡首告曰：「卿！族姓子！使其殿舍包容會者。」尋即受教察其左右，而普周觀阿闍世殿，自然寬大，懸繒花蓋，跱立幢幡，其地平博，散衆花香。

復有菩薩名曰法超，濡首告曰：「卿！族姓子！嚴辦衆座。」應時受教，舉手彈指，於彼殿館二萬三千床座自然具足，若干種飾，微妙莊嚴，無數座具而敷其上。濡首童真諸菩薩衆悉俱就座，聲聞次之。

王見濡首與諸菩薩聲聞坐畢，前自啟白：「且待斯須增辦供具。」

濡首答曰：「大王自安，自當備足，勿以為勞。」

時，四天王與其眷屬，悉來供侍濡首童真；又天帝釋良善夫人，及餘玉女無央數千，齎持天上栴檀、雜香、蜜香、擣香，以用供散一切菩薩及諸聲聞。時，諸菩薩見諸花香及諸玉女，無玉女想，無花香想。梵忍跡天化作梵志摩納之形，手執拂扇，住持濡首左面，以扇扇之；諸梵天子各執拂扇，侍諸菩薩立而扇焉！無棼龍王不現其身，在於虛空垂貫真珠，從其貫珠出八味水，清涼且美，供給所當，其諸菩薩、一切聲聞其前各各有垂貫珠，而出美水亦給所用。

王阿闍世心自念言：「是諸菩薩而不齎鉢，當於何食？」

濡首知王心念，而告之曰：「斯諸正士有所遊至，不齎鉢行，所可遊行諸佛國土，*適坐欲食，鉢自然至，斯諸菩薩本所建立，又彼如來昔所造願，鉢從虛空來在于掌。」

王阿闍世問濡首曰：「是諸菩薩，從何佛國來？世界名何？如來正覺號曰何等？」

濡首答曰：「世界名常名聞，如來號離聞首，今現在說法，是諸菩薩從彼而來就於仁食，欲得聽省王之狐疑，所懷虛妄。」

時，諸菩薩志所建立，如來本願，鉢於空中自然飛來，投於無棼八味浴池洗滌清淨。諸族姓子二萬三千，諸龍、采女各齎香著諸菩薩掌中。時，王見茲，倍用踊躍，則前稽首濡首童真。

濡首童真而告王曰：「可設供饍，宜知是時。」王即受教則便陳列，若干種食琦妙珍膳，供具悉遍，食不消滅。如是阿闍世本所供施五百人饍，悉令二萬三千皆得飽足，飲食如故。阿闍世王白濡首曰：「今饍如故而不消賜？」

濡首答曰：「如今仁者狐疑未盡，疑不盡故，猶斯食饍，用不消索。」

時，諸菩薩飯食畢竟，尋以其鉢跳擲空中，鉢處虛*空，無所依據而不墮落。

王阿闍世問濡首曰：「今斯諸鉢為何所止？」

濡首答曰：「猶如大王狐疑所存，今此諸鉢亦處於彼。」

時，王答曰：「鉢無所立。」

濡首答曰：「猶如大王所有狐疑，亦無所立。今此諸鉢，無所依據而不墮落，諸法如是，悉無所有，亦無所住，以是諸法，亦無墮落。」

文殊師利普超三昧經卷中

文殊師利普超三昧經卷下

西晉月氏三藏竺法護譯

決疑品第十

於是王阿闍世見諸菩薩及聲聞眾食訖澡畢，更取卑榻於溥首前坐，欲聽聞法：「惟願溥首解我狐疑！」

溥首答曰：「大王所疑，江河沙等諸佛世尊所不能決！」

時，王自省無救無護，從榻而墮，如斷大樹，摧折擗地。

大迦葉曰：「大王自安！莫懷恐懅，勿以為懼。所以者何？溥首童真被大德鎧，善權方便而設此言，可徐而問。」

時，王即起問溥首曰：「向者何說江河沙等諸佛世尊不能為我而決狐疑？」
溥首報曰：「王意云何？諸佛世尊緣心行乎？」
答曰：「不也！」
溥首又問：「諸佛世尊發心行乎？」
答曰：「不也！」
又問：「諸佛世尊滅心行乎？」
答曰：「不也！」
又問：「諸佛世尊行有為乎？」
答曰：「不也！」
又問：「諸佛世尊行無為乎？」
答曰：「不也！」
又問：「諸佛世尊所教行無為乎？」
答曰：「不也！」

溥首又曰：「王意云何？其諸法者而無有行，無有行者，無所歸趣，寧能有人教化於法決斷之乎？」

答曰：「不也！」

「王當了之！吾以是故而說斯言：『王之狐疑，江河沙等諸佛正覺所不能決！』復次，大王！假使有人而自說言：『我以塵冥灰烟雲霧污染虛空。』寧堪任乎？」

答曰：「不能污！」

溥首又問：「設令，大王！吾取此空洗之使淨，寧堪任乎？」

答曰：「不能！」

溥首報曰：「如是，大王！如來之身，曉了諸法猶如虛空，成最正覺自然淨者無所染污，以是之故，何所有法而染污者見逆限乎？豈可決了若淨除乎？大王！等觀於斯法*義，吾以是故，向者說言：『江河沙等諸佛世尊所不能決了。』

「復次，大王！諸佛世尊不得內心而有所住，不得外心而有所住。所以者何？一切諸法自然清淨無有處所。自然淨者，無有處所，無有志願，有所住者。所以者何？得自在哉！諸法自然故。無自然哉！諸法無興立故。無蹉跌哉！諸法無所有故。無所有哉！諸法離形貌故。無形貌哉！諸法虛無故。無蔽礙哉！諸法無教相故。無教化哉！諸法自然無所有故。離所有哉！諸法釋歸趣故。無歸趣哉！諸法無別離故。無別離哉！諸法無所生故。無所猗哉！諸法自然淨故。心性淨哉！諸法無分如空等故。無倫比哉！諸法無伴黨故。無侶哉！諸法離於二故。無有二哉！諸法澹泊故。無量哉！諸法無斷絕故。無邊際哉！諸法無崖畔故。無誠諦哉！諸法顛倒，從不誠諦而有所住故。無顛倒哉！諸法常淨得安已故。有常哉！諸法無歸嚮故。清淨哉！諸法本淨因明達故。已自然哉！諸法無我而顯曜故。安隱哉！諸法無想念故！無猶*豫哉！諸法內寂然故。無欺妄哉！諸法究竟無誠諦故。靜寞哉！諸法澹泊相故。無吾我哉！諸法除於我故。無穿漏哉！諸法解脫相故。趣寂滅哉！諸法離所念故。無恐懼哉！諸法離若干故。造一等哉！諸法等御脫故[1]。慌忽哉！諸法不想本際故。無有想哉！諸法無壞閑默緣故。順空哉！諸法離衆見故。無有願哉！諸法離三世故。斷三世哉！諸法無去、來、今故。無為等哉！諸法究竟無生故。

「王意云何？彼法無生，亦無所起，亦無所有，無有真諦，豈能有人污染之乎？」

答曰：「不也！」

溥首曰：「彼法寧可決斷不耶？」

答曰：「不也！」

溥首又曰：「一切諸法等如泥洹，如來解此，致最正覺，猶是之故，王狐疑者，不可決斷。是故，大王！不可修行有所造立，不從倒心，當修造立真諦之觀，觀於無本。設能察者，則於諸法而無所受，亦無所曉，不與遊居，若使大王不與諸法俱遊居者，斯乃為信。其有信者乃為寂寞，其寂寞者乃自然淨，自然淨者乃無所造，無所造者一切諸法則無有主，彼則造忍，一切諸法無有造者。王當知之！無所造者則為滅度，計彼諸法亦無所造、無所破壞，亦無有造、亦無不造，斯謂滅度。假使，大王！順此脫者則平等脫，以等脫者則於其法，無趣無逮，不增不減。所以者何？於一切法無所利誼，亦無所求。諸法無本，其無本者則無所生，無所生者則亦無本，其無本者等無差特，故曰無本無異。設使大王解信無本，一切狐疑自然為斷。

「又若，大王！眼無染污亦無所淨，眼之自然為無本故；無本自然則曰眼矣！耳、鼻、口、身、心亦復如是。心者，大王！無有染污亦無所淨，心之自然為無本故，無本自然則曰心矣！王當了之！色無染污亦無所淨，色者自然為無本故，無本自然則曰色矣！痛、想、行、識亦復如是。識無染污亦無所淨，識之自然為無本故，無本自然則曰識矣！王當了之！一切諸法無有染污，亦無所淨，諸法自然為無本故，無本自然則曰諸法。

「心無形色，亦不可見，無所危害，無有處所，無有言教，譬若如幻，不處於外，不處於內，心者本淨而自然明。設心淨者，則無染污，亦無所淨。王當解此，其本淨心不可染污，無有淨者，無有虛妄，亦無所著，無所危害，因無諦想而有所造。無諦思想，設有所住，凡夫愚騃，猗欲塵勞，彼則何謂無有誠諦，則而發起無誠諦想？其無誠者，則不興諦，一切諸法住不真諦，以存於彼無誠諦想。譬如大王喻此虛空，無色無見，不可執持，亦無所捨亦無言教，假使有人而說言曰：『今此虛空無色、無見，不可執持，亦無所捨無有言教，吾今欲以塵烟焰雲霧污染虛空。』」

王答曰：「不能！」

溥首曰：「如是，大王！心本之淨自然顯明，則不可以塵烟焰雲霧蔽礙污之；譬如塵烟焰雲霧住於虛空，終不染空而為垢污。如是，大王！發吾我相謂是我所，因鑒緣結為婬、怒、癡，不污心法[4]自然之淨。是故，大王！仁者於彼，勿懷狐疑。王欲知之！其過去心及當來心，則無形貌，其當來心及過去心，亦無形貌；現在心者，無所依猗亦無所有，前心所念不礙後心，後心所念不礙前心，其現在心亦復如是。明知於彼而造斯觀，心無所有亦無不有。過去心者以滅盡，未來心未至，現在無住覩見諸法，當來無住蠲除諸見，無所怪者為解脫故。清淨想者諸法離垢，普等于世，普等於明，無所生者無有言教，及無言教無處不處。世尊所說寂然之議，其寂然者計於彼法則無有處，假使有人求處言教，推索諸法，設使大王在於諸法而無所念，則除一切狐疑之結，而於諸法無所決除。所以者何？其狐疑者，與法適等而無差特，故曰法界御於平等，一切諸法及與法界，於此諸法當御平等。所以者何？一切諸法則入法界，設等法界則等諸法，是故名曰法界平等一切諸法，其法界者，等御諸法。」

說是語時，王阿闍世得柔順法忍，歡喜踴躍，心獲大安，尋即叉手歎曰：「善哉！快說斯言，辯除余疑。」

溥首答曰：「王當知之！斯為大冥狐疑之結也。如王究竟釋一切法，而說斯言：『善哉！溥首！快說斯言，辯除疑惑。』」

王又答曰：「以為滅盡吾諸陰蓋，假使我身命終沒者，則當至道。」

溥首答曰：「是為大王之甚疑礙，乃欲究竟一切諸法至於滅度，乃能悕望想於泥洹。究竟泥洹一切諸法，而復望想於滅度乎？究竟泥洹者，諸法本淨而無所生。」

爾時，王阿闍世取軟妙衣價直百千，即以手持奉上溥首，欲報法恩而覆其身，溥首童真忽然不現，不見其身何所歸趣。空中聲曰：「如今大王而不覩見溥首之身，觀其狐疑亦當如斯，如見狐疑，見一切諸法亦復如是，如觀諸法，所見如是見無所見。」又曰：「大王！所見身者，以衣與之。」

次于溥首有坐菩薩名慧英幢，王阿闍世以衣與之，於時菩薩不肯受衣而說斯曰：「吾不欲脫於所有，亦不瞋恨，亦不滅度，吾亦不近於凡夫法，而受斯衣，亦不從度凡夫行者，不從學者，亦復不從度塵法者，不從不學，不從無學而度法者，不從緣覺，亦復不從度緣覺者，而受斯衣。吾亦不從如來所受，亦不從度如來法者而有所受。假使大王不行斯法，不捨此法，吾乃從彼而有所受，所當受者若有施者，俱同一等而無差特。如此施者，則為清淨，衆祐所說。」王阿闍世則以其衣著慧英幢身，即於座上忽然不現。已於空中復聞聲曰：「其身現者，以衣施之。」

次有菩薩名信喜寂，王阿闍世以衣施之，其菩薩曰：「吾亦不從自見身，如有所受，不從見他；不從見著塵而有所受，不從離塵；亦不從寂猗而有所受，不從無猗，不從定意，不從亂志，不從智慧，不從無慧而有所受。」王即以衣著菩薩上，則亦不現，而於空中如有聲曰：「有現身者，以衣施之。」

次有菩薩名不捨所念，王阿闍世以衣施之，於時菩薩亦不肯受而說斯曰：「吾不從猗身而有所受，不從猗言，不從猗心，不從猗慧，不從猗誼，不從猗陰，不從猗種，不從猗衰入，不從猗諦，不從猗佛音聲而有所受。所以者何？一切諸法皆無所猗，亦無所著，究竟永安，亦無震動。」王阿闍世以衣施之，於時菩薩則亦不現，空中有聲而語王曰：「其身現者，以衣施之。」

次坐菩薩名曰尊志，王阿闍世以衣施之，於時菩薩亦不肯受而說斯曰：「王當知之！吾不從卑脫而有所受。假使大王發於無上正真道心，其心等者，道意則等，信道意等，道已平等，其心亦等，已等道意，諸法則等，已能平等一切法者，乃從受衣。於一切法不受、不捨，亦無所*施，脫於諸法而無有意，亦無不意，覩一切法不見吾我、不計吾我，如是行者乃從受衣。」王阿闍世以衣施之，則便不現。以於空中而有聲曰：「其有現者，以衣與之。」

次有菩薩名定華王，王阿闍世以衣施之，於時菩薩亦不肯受而說斯曰：「假使大王行諸三昧，不於定意而有所懷，信解諸法本淨平等，無有脫者，我乃從彼而受斯衣。」王阿闍世以衣著其身上，於時菩薩則亦不現。以於空中而聞聲曰：「其身現者，以衣與之。」

次坐菩薩名無逮得，王阿闍世以衣施之，時彼菩薩亦不肯受而說斯曰：「假使大王於一切陰而信得度，文字、音聲一切平等而不可得，已見諸法無所得者，則便導利無所得誼，不御衆好，不導嚴飾，作斯行者，我乃從彼而有所受。」王阿闍世以衣擲之，時彼菩薩忽然不現。以於空中而有聲曰：「其身現者，以衣施之。」

次有菩薩名淨三垢，王阿闍世以衣施之，時彼菩薩亦不肯受，而說斯曰：「假使大王不自得身，亦無受者，其有施者亦無悕望。若如是者，我乃受衣。」王阿闍世以衣擲之，則亦不現。以於空中而有聲曰：「其身現者，以衣與之。」

次坐菩薩名化諸法王，王阿闍世以衣施之，於時菩薩亦不肯受：「假使大王示現聲聞而般泥洹亦不滅度，示現緣覺而般泥洹亦不滅度，示現如來而般泥洹亦不滅度，無終始法、無滅度法，吾乃受衣。」王阿闍世以衣擲之，則亦不現。空中聲曰：「其有現身，以衣與之。」

王阿闍世以次第以衣施，諸菩薩一一不現，各各說曰：「其有現者，以衣與之。」床榻机案亦空不現。

王阿闍世謂賢者大迦葉曰：「於今現者，當受斯衣。仁者最尊，佛所咨歎，宜當受之。」

大迦葉曰：「吾婬、怒、癡無除盡也！如今吾身不應受衣。不捨無明，不除欲索，不斷苦惱，不滅於習，不為盡證亦不由路，吾不見佛亦不聞法，不御聖衆，不釋塵勞，不發思想，不離思想，不建立慧亦不離慧，吾眼不淨亦不造慧，亦無所滅。其施我者，不獲大福亦非無福，吾亦不在於生死法、無滅度法，其施我者，不能究竟衆祐之德。假使大王能行如斯等護諸誼，我受斯衣。」王阿闍世以衣擲之，忽然不現。在於空中而聞聲曰：「其身現者，以衣與之。」

王阿闍世次第施衣則各不現，如是一切諸大弟子，一一慌惚沒不復現，盡五百人，復聞聲曰：「王所見身，以衣施之。」即自念言：「菩薩、聲聞悉不復現，吾當還與第一之后。」則入宮裏而遍觀察，亦不覩見一切婇女。

王阿闍世便得親近如斯定意，其目所瞻不見諸色，亦不見男女，不見童子，不見童女，不見大小，不見牆壁，不見樹木，不見屋宅，不見城郭，續見身想。復聞空中而有聲曰：「其身現者，以衣與之。」王即自著，不見自身，尋則雪除一切色想。復聞聲曰：「假使大王不見諸色形像所有，柔軟安隱觀於狐疑，亦當如見狐疑，觀一切法亦復如此。如無所見者，斯乃為見，離於諸見，設使離見有所見者，則無所見不離諸見，如是見者能為等觀；設於諸法不有所見，已無所見則為等觀。」

於時王阿闍世皆離一切想念所著，從三昧起，尋則還復見衆會者，諸后、婇女、城郭、殿宅亦復如故。王阿闍世白溥首曰：「向者眾會為何所湊，又*在吾☆前而不見之？」

溥首報曰：「猶如大王狐疑所湊，其眾會者向在于彼。」

又問：「大王！見眾會乎？」

答曰：「已見！」

溥首問曰：「云何見？*如見狐疑，覩眾會者亦復如是。」

又問：「以何等見於狐疑乎？」

答曰：「如覩會者目前所見諸形色者，狐疑亦然，不見內外。」

又問：「大王！世尊說曰：『其犯逆者，不得中止處無有間。』王自知當至地獄乎？」

王尋答曰：「云何溥首？如來至真成正覺時，豈見有法歸囹圄乎？斯趣三塗、斯趣天上、斯趣泥洹乎？」

答曰：「不也！大王！」

「溥首察見！吾今覺了一切諸法，所覺了法，於諸經法，亦無所得。趣於地獄，若生天上，般泥洹者，一切諸法皆悉為如。若分別空之所歸趣，瞻於空者，無趣地獄，不至天上，不歸泥洹；一切諸法無所破壞，一切諸法悉歸法界。其法界者，不歸惡趣、不上於天、不歸泥洹，其逆無間則謂法界，諸逆之原則謂法界；其本淨者則謂諸逆，其諸逆者則謂本淨，是故言曰諸法本淨。是故，溥首！一切諸法至無所生，由斯自知不歸惡趣，亦不上天、不升泥洹。」

溥首答曰：「云何大王亂佛法教？」

答曰：「吾亦不違世尊教命，不詭佛法。所以者何？世尊分別演無我際，說真諦原，已無有我，彼則無人，人無所有，眾生虛無，無有實者。如是計之則無所造，亦無作者、亦無受者。」

又問：「大王狐疑斷乎？」

答曰：「已究除矣！」

溥首問曰：「云何大王，猶豫絕乎？」

答曰：「永絕！」

溥首又問：「今王云何於眾會中，知王有逆而言無逆？」

答曰：「不也！」

又問：「云何？」

答曰：「其已逆者，脫於無結而造證者，彼諸逆者，斯會逆者。其諸逆者，則是菩薩柔順法忍，而令眾人得入斯忍，不當於彼攬持諸逆。溥首！所謂逆者，從彼至斯無有諸逆，以是之故，不當於彼總攝諸逆。」

時，慧英幢菩薩舉聲歎曰：「以為嚴除大王之路，乃能逮得如斯法忍。」

王則答曰：「一切諸法，本末悉淨，又一切法，究竟閑默，無所染污，以是之故，不可污染而為作垢，無所著道，斯名曰道。又彼道者，不歸生死、不至泥洹，諸賢聖道，無*導御者，無所起道，斯名為道，道無有道。」

王阿闍世說此言時，逮得明達柔順法忍。於時中宮四十二女見溥首威神變化，皆發無上正真道意，五百庶民遠塵離垢，諸法眼淨。時，無央數百千人眾，皆來集會王宮門下，欲得聞法供養奉事。溥首童真以腳足指而案此地，時，王舍城悉作琉璃，一切城里所居民者，悉見溥首、菩薩、聲聞，譬如明鏡照其面像自見其影。溥首童真為諸來者如應說法，八萬四千人聽經法者得法眼淨，五百人皆發無上正真道意。

心本淨品第十一

爾時，溥首為王阿闍世及諸眷屬并餘來者無數之衆，開化說法。即從坐起，與比丘衆、王阿闍世、群臣寮屬及無數人，出宮門行，行於途，路見一男子，自害其母，住他樹下，啼哭懊惱，稱叫奈何，其人究竟現在應度，而自剋責所作無狀，而造大逆，自危其母，當墮地獄，雖爾其人當修律行。

時，溥首於比丘衆前，化作異化，即時往詣害母人所，去之不遠而中道住。其害母者，遙見父母與子共侶，父母謂子：「是者正路！」其子答曰：「斯非正路！」遞互起諍，於是化子現懷瞋怒，殺化父母，其逆罪子遙見化子害化父母，啼哭酸毒不能自勝，尋即往詣害母人所，而謂之曰：「我殺父母，當墮地獄，哭言奈何？當設何計？」其害母者而自念言：「今此來人乃害二親，我但危母，其人癡冥罪莫大焉！我之為逆尚差於彼，如彼受罪吾猶覺輕。」其化人者悲哀酸酷，口並宣言：「吾當往詣能仁佛所，其無救者佛為設救，其恐懼者慰除所患，如佛所教我當奉遵。」於時化人啼哭進路，在其前行，而害母者尋隨其後：「如彼悔過吾亦當爾，吾罪微薄，彼人甚重。」

化人詣佛，稽首于地而白佛言：「唯然！世尊！吾造大逆而害二親，犯斯大罪。」

佛告化人：「善哉！善哉！子為至誠而無所欺，言行相副，詣如來前，說誠諦言而不兩舌，亦不自侵。當自惟察觀心之法：以何所心危二親者，用過去心、當來心乎？現在心耶？其過去心即以滅盡；其現在心即以別去，無有處所，亦無方面，不知安在；當來心者則亦未至，無集聚處，未見旋返亦無往還。子當知之！心亦不立於身之內，亦不由外，亦無境界，不處兩間，不得中止；察其心者，亦無五色青、赤、黃、白、黑。子當了之！心者無色，亦不可見，亦無所住，亦不退轉，無有言教，不可執持，猶若如幻。子欲察心，不可分別，不可解了，不可名婬，不可究怒，不可知癡，無婬、怒、癡。子當知心無生死行，亦無所作，亦無所現，亦不現在；心者清淨，亦無垢染，亦無淨者。心不在此，亦不在彼，不在異處，猶如虛空，亦無等倫，亦無色像，亦無言教。有明智者不當依猗，勿得言吾，謂是我所，莫得造處，無得為想；莫造畢竟，勿有所為，無言己身，勿云吾我，莫念過去。所以者何？子當知之！一切諸法悉無所住，猶如虛空。子且聽之！解如是者，佛不謂人於法有脫，若染污者不歸惡趣，設心清淨而無垢染，則無諸趣。」

於時化人即而歎曰：「得未曾有！天中之天！如來所因，成最正覺。了知法界，無有作者亦無有受，無有生者，無滅度者，無所依猗。願得出家，因佛世尊，得作沙門，受具足戒。」

佛言：「比丘！善來！」

於時化人前作沙門，即白佛言：「唯然！世尊！吾獲神通，今欲滅度。」佛之威神，使彼化人去地四丈九尺，於虛空中而取滅度，身中出火，還自燒體。

於時逆子見彼化人，得作沙門，聽受經法，聞佛所說，心自念言：「向者彼人自危二親，在世尊前而作沙門，便得滅度，今吾何故不效彼人，而作沙門亦當滅度。」

作是念已，往詣佛所，稽首聖足，前白佛言：「我亦造逆，自危母命。」

佛言：「善哉！善哉！子為至誠而無所欺，言行相副，詣如來前，說誠諦之言而不兩舌，亦不自侵。當自惟察觀心之法：以何所心危其親者，用過去心、當來心乎？現在心耶？其過去心即已滅盡；其現在心即以別去，無有處所，亦無方面，不知安在；當來心者則亦未至，無集聚處，未見旋返，亦無往還。子當知之！心亦不立於身之內，亦不由外，亦無境界，不處兩間，不得中止；察其心者，亦無五色青、赤、黃、白、黑。子當了之！心者無色，亦不可見，亦無所住，亦不退轉，無有言教，不可執持，猶若如幻。子欲察心，不可分別，不可解了，不可名婬，不可究怒，不可知癡，無婬、怒、癡。子當知心*無生死行，亦無所作，亦無所現，亦不現在；心者清淨，亦無垢染，亦無淨者。心不在此，亦不在彼，不在異處，猶如虛空，亦無等倫，亦無色像，亦無言教。有明知者不當依猗，勿得言吾，謂是我所，莫得造處，無得為想；莫造畢竟，勿有所為，無言己身，勿云吾我，莫念過去。所以者何？子當知之！一切諸法悉無所住，猶如虛無。子且聽之！解如是者，佛不謂人於法有脫，若染污者，不歸惡趣，設心清淨而無垢染，則無諸趣。」

於時逆人地獄之火從毛孔出，毒痛甚劇而無救護，則白佛言：「我今被燒，惟天中天而見救濟，歸命大聖。」

於是世尊出金色臂著實人頂上，火時即滅，無復苦痛，見如來身若干相好，身痛休息而得安隱。

又前白佛：「欲作沙門。」

佛尋聽之，即為寂志。於時世尊為說四諦，其人聞之遠塵離垢，得法眼淨，修行法教，逮得往還證至得羅漢。

又白佛言：「欲般泥洹！」

世尊告曰：「隨意所存。」

於時，比丘踊在虛空，去地四丈九尺，身中出火還自燒體，百千天人於虛空中而來供養。

時，舍利弗見於彼人受斯律教而得滅度，則驚怪之！前白佛言：「誠難及也！天中之天！如來恩施所說法律，乃令逆者得受法教，如是行者然有殊別，堪救濟者惟有如來。溥首童真被大德鎧，諸菩薩倫，能覩一切群萌根原，隨而度之①，非聲聞、緣覺境界。」

佛言：「如是！舍利弗！誠如所云，是佛、大士、法忍菩薩之境界也！又，舍利弗！汝等所見想墮地獄，而佛覩之至滅度法；汝等視人應滅度者，世尊省知而墜惡趣。或以知足有德之士，閑居奉戒而三昧定，汝等謂之至滅度法，如來見之反墮地獄。所以者何？汝等之類離於心行，不能遍察眾生心原，群萌所行不可思議。又，舍利弗！汝為見此殺母者乎？聞說深法，得至無餘而般泥洹。」

對曰：「惟，見！天中天！」

佛告舍利弗：「斯害母者，於五百佛殖眾德本，聞深妙法，解暢心本，清淨顯曜，又如其人入此典誥，受一切法而得解脫。」

佛言：「舍利弗！以是之故，若族姓子、族姓女我滅度後，能聞是法誼，即便信樂。又人迷惑而心乖者，隨惡知友而犯罪釁，不失法忍，乃至無餘而得解脫。吾不謂斯等墮惡趣也，有信樂如是像類深妙之法，所得如是。以斯之故，若茲等倫處於正路，其聞斯典即信樂者，講說平等章句歎頌，廣為他人分別演者，德悉如是，何況奉行修如所教！」

溥首與諸菩薩大士、迦葉、王阿闍世及無數人，往詣佛所，稽首禮足，却坐一面。

爾時，舍利弗見溥首與諸會者悉坐定已，謂王阿闍世：「大王！狐疑寧為斷乎？」

答曰：「唯然！仁者！尋則斷矣！」

又問：「云何斷？」

答曰：「不受不捨是謂為斷。亦無所得，本末永了，無有垢染，則為斷矣！」

舍利弗白世尊曰：「王阿闍世所畢幾如？餘有幾如？」

世尊告曰：「王之餘殃猶如芥子，所滅之罪如須彌山，入於深法所說經誼，至無生法。」

舍利弗又白佛言：「王阿闍世當復往歸於惡趣乎？」

答曰：「如忉利天子在於七寶重閣交露，下閻浮提尋還本處。如是，舍利弗！王阿闍世所入地獄名賓跎羅晉曰集欲，*適入尋出，其身不遭苦惱之患。」

舍利弗言：「難及！世尊！王阿闍世諸根明達，乃如斯乎？又能蠲除若干罪釁，如斯重殃，地獄之毒！」

佛告舍利弗：「王阿闍世前已供養七十二億諸佛世尊，殖眾德本，咸受經典，所聞法者，勸無上正真之道。汝豈見溥首乎？」

對曰：「已見！」

世尊告曰：「溥首童真勸阿闍世使發無上正真道意，於難計劫離垢藏如來無數諸佛，於彼劫中而有三億平等正覺，悉是溥首所可誘勸，使轉法輪，長壽久存。設百千世尊終不能為王阿闍世說法決疑，其惟溥首能為斯王決除疑網。所以者何？溥首童真數從諸佛聞是深法。以是故當作斯觀：『其有菩薩應所度者，本從發意得其本師，為之說法乃能解耳。』

「王阿闍世從集欲輕地獄出生於上方，去是五百佛國，其世界曰莊嚴，其佛號寶英如來、至真、等正覺，今現說法，當復重見溥首從聞深經，在於彼土，即當逮得不起法忍。彌勒菩薩成正覺時，當復來下還斯忍界，號曰不動菩薩大士；彌勒如來當為衆會宣講不動菩薩前所興為，又復分別於此經典，敷陳至誼：『不動大士能仁佛世，作大國王名阿闍世，從惡友言自害其父，從溥首聞所說經典，得柔順法忍，因此除罪令無有餘。』彌勒如來緣不動菩薩說此經法，八千菩薩得不起法忍，八萬四千菩薩蠲除無數不可計會罪釁積聚。

「如是，舍利弗！王阿闍世從今已往八百難計會劫，修菩薩行開化衆生嚴淨佛土。又，舍利弗！王阿闍世所化衆生，為聲聞地，若緣覺地，若行大乘，斯等衆生當有罪蓋，無塵垢弊，狐疑悉除，無有猶豫。過於八千不可計劫，當得無上正真之道為最正覺，劫名喜見，世界曰無造陰，佛號淨界如來、至真、等正覺，壽十四劫。諸聲聞衆七十萬人而為大會，一切慧解，志八脫門；諸菩薩衆有十二億，皆得智慧度無極善權方便。滅度之後正法當住一億歲，無造陰世界所有黎庶，至於壽盡無狐疑者，終沒之後不歸三塗。淨界如來設為群生講說經者，悉去諸垢，無有塵勞，皆得清淨。

「是故，舍利弗！人人相見莫相平相。所以不當相平相者，人根難見！獨有如來能平相人，行如佛者可平相人也！」

賢者舍利弗及大衆會驚喜踴躍而說斯言：「從今日始，盡其形壽，不觀他人，不敢說人，某趣地獄，某當滅度。所以者何？群生之行，不可思議。」

時，佛說比喻阿闍世決，三萬二千天子發無上正真道意，各誓願曰：「淨界世尊成正覺時，吾等當生於彼佛土，不造欲世界。」佛即記之，當生彼土。

月首受決品第十二

王阿闍世有一太子，名曰月首，厥年八歲，解頸瓔珞，用散佛上而曰：「吾以此德勸助無上正真之道。以斯善本，淨界如來成正覺時，願於彼土為四域主轉輪聖王，盡其形壽供養如來及比丘衆。佛滅度後，奉持舍利而受經典，然後得成無上正真之道，為最正覺。」*適散珠瓔，便於虛空則成七寶交露棚閣，四方四植上下平等，嚴正雅妙，於其閣內安四寶床，敷天繒綵，如來坐之，相好莊嚴，佛時即笑。世尊笑法，則有無數不可訾限百千光色從其口出，照難思議無有邊際諸佛世界，超于梵、天、魔之宮殿，日月光明自然蔽曀，燐徊繞身無央數匝，從頂上入。

賢者阿難即從坐起，偏袒右肩，長跪叉手，以偈讚曰：

度一切智慧，　超越衆罣礙，　解了群生類，　心行之根原。
以分別本末，　應時而說法，　普照世願說，　何因而欣笑？
衆生在十方，　一切處其前，　無數億姟衆，　一一而難問。
能仁之聖師，　乃堪決其疑，　善哉願解說，　愍哀何故欣？
其過去諸佛，　最勝所住立，　又當來世尊，　猶如洹河沙。
分別知六趣，　慧度於無極，　所以現欣笑，　離垢願決疑。
光明超日月，　翳魔釋梵宮，　通徹諸鐵圍，　超照衆山頂。
安隱蒸黎元，　枯竭衆勤勞，　善說除諸垢，　何故熙欣笑？

於是世尊告阿難曰：「寧見月首太子乎？」

對曰：「唯然！已見！」

佛言：「今此月首而於佛前，殖衆德本，則以勸助無上正真道。稍當漸積修菩薩行，淨界如來成佛道時，又此太子生彼佛土為轉輪王，供養奉事淨界如來、至真、等正覺！盡其形壽，施以所安，滅度之後供養舍利，將御正法；法滅盡後，即當遷沒，生兜率天。則於其劫得為無上正真道，成最正覺，號月英如來、至真、等正覺、明行成為、善逝、世間解、無上士、道法御、天人師，為佛衆祐。國土所有、佛之壽命、諸比丘衆，亦如淨界世尊等無差特也！」

爾時，他方世界諸來會者菩薩大士，與溥首俱至此忍界，聞說斯言，前啟白佛：「溥首童真所可遊至，則當觀之，在土處所，悉為如來，無有空缺，諸佛世尊不復勞慮。所以者何？唯然！世尊！溥首所攝終無惡趣，不劇不閑，及諸魔事罪蓋塵穢。其有州域、郡國、縣邑、丘聚、城墎，於斯正典而流布者，則觀其處，如來遊居，無有虛空。」

世尊告曰：「如是！如是！族姓子！誠如所云。今斯經典所宣布處，則是如來之所遊止，則是如來慇懃垂教。

「又，族姓子！乃昔往古錠光佛時，吾於彼世而受得決，所敷髮地，錠光如來蹈越髮上，散以蓮花逮得法忍，授吾莂曰：『後無數劫當得作佛，號能仁如來。』如是，族姓子！時，錠光佛告諸比丘：『汝等不當越踏斯地。所以者何？是者則為天上世間神寺佛塔，菩薩敷髮其處所者而逮法忍。誰欲於此而起塔者？』彼諸天子八十億人同時稱曰：『吾等當起！』爾時，會中有一長者名曰賢天，白世尊曰：『吾於斯地當起塔寺。』佛言：『可興！族姓子！』賢天長者即於彼處，起七寶塔莊嚴具足，還詣錠光而問佛言：『予在其地興七寶塔，福何所趣？』錠光如來尋報之曰：『長者！欲知菩薩大士得不起忍，計其地處，若如車輪，下盡地際，一切眾生各取土塵，皆如舍利而供養之，乃復上至三十三天，滿中七寶以布施佛，若欲比之起塔寺福，終不相及；塔寺之福最多難計，長者於此所殖德本，如我今授摩納之莂，當為無上正真之道，若成佛者，亦當立卿，於大道決。』

「於族姓子意念云何？爾時，長者名賢天者豈異人乎？莫作斯觀！所以者何？此眾會中有長者子，名曰受行，今吾授決當於來世，而得佛道，號善見如來、至真、等正覺、明行成為、善逝、世間解、無上士、道法御、天人師，為佛眾祐。以是之故，族姓子、族姓女、比丘、比丘尼、清信士、清信女若住若坐，書是經典，持諷誦讀、為他人說，則於其處下盡地際，一切諸塵悉為眾生，又此土者悉如舍利。所以者何？得忍菩薩成就衆德，亦復如是！佛故告汝慇懃*囑累，若族姓子、族姓女於是三千大千世界，滿中七寶布施如來、至真、等正覺，晝夜各三而不懈怠，布施隨時至於一劫，若復過劫，不如受是經典。王阿闍世除諸狐疑，無有猶豫，淨諸陰蓋，分別一切諸法平等，若書、若讀、受持、諷誦，聞之信樂，書著竹帛，匹素經卷，矜莊執翫，令此正法而得久住，此功德福過彼甚多，不可稱限！」

佛言：「族姓子！若於百劫奉持禁戒，普知止足，乃得閑居志樂不捨；其聞是經而信樂者，其功德福則過於彼守禁戒上。若於百劫而行忍辱，一切衆生罵詈撾捶，以加杖痛而皆忍之；若復有人聞此經要而信樂者，其功德福則便超越彼忍辱上。若於百劫而行精進，供養一切衆生之類，而不愛身及與壽命，不如聞是經歡喜信者。若於百劫而行禪思，有觸嬈者而不惑亂，不如聞是經歡喜信者。若於百劫而行智慧，博攬曉了，無所不達，設復聞此，究竟本淨，心暢自然，經典之品，而歡喜信受持戒諷誦，其功德福則超越彼，能速勸立諸通慧矣！」

時，諸菩薩俱白佛言：「唯然！世尊！吾等已受於斯經典，在在所遊諸佛國者，有所住處便當宣布。所以者何？衆經典者，則興佛事。」

時，諸菩薩擧聲歎曰，便復散花遍于三千大千世界，而說斯言：「設此經典，布閻浮提而住長久，世尊能仁正法顯成，溥首童真當使永存。所以吾等未曾省聞如是像經，假使聞者，吾等不能加報佛恩及與溥首，當以何等興大供養？若族姓子從人聞斯經典者，其恩難報，假使有人欲見如來從聞是經，當觀其人如見世尊；設欲供養如來、至真、等正覺者，便當供養此族姓子。若覩族姓子、族姓女，當瞻之如佛世尊。」

諸菩薩等咨嗟已畢，稽首佛足右繞三匝，於此佛土忽然不現。各各遷還其本國土，各各自住其如來前，如所受法廣為人說，則於佛前一一彼土，開導教化無數群生，使發無上正真道意。

*囑累品第十三

爾時，世尊告彌勒曰：「仁當受斯正法明典，為無量人而分別說，多所安隱，多所哀念，諸天世人悉當蒙恩。」

彌勒菩薩而白佛言：「唯然！世尊！吾則受斯經典教已，亦從過去等正覺所啟受是經，於今現在面值世尊得聞斯法。唯然！大聖如來！現在吾以此經演令流普，佛滅度後在兜率天，當為群生分別說此，殖衆德本。若族姓子、族姓女然於後世耳聞斯經，志大乘者，當知彌勒之所建立。奉持斯經，若有弊魔伺求其便，吾等當承世尊聖旨而將護之，使無瑕短。」

佛告帝釋：「當受斯經阿闍世品斷一切結。所以者何？天、阿須倫假使懷恨而戰鬪者，當念斯經典，諸天則勝，阿須倫降。」

佛言：「拘翼！今囑累汝，若斯經典在於州域、郡國、縣邑、城墎、丘聚，則護其土，怨敵讐隙不得其便；若至縣官、若在賊中、若逢禽獸、若值鬼神、若遇盜賊、若遭水火恐懼之難，便當思念於斯經典而說歌頌，若有怨家、寇逆、惡賊不能得其便。」

爾時，佛告賢者阿難：「受斯經典，持諷、誦讀。所以者何？假使有人從汝求此經典要者，其族姓子、若族姓女斷一切疑，無有猶豫，洗除眾結永已除了，諸魔罪蓋不能覆蔽，宿之殃釁、邪害、罣礙自然消滅。所以者何？設聞斯經，則無狐疑。」

佛告阿難：「吾*囑累汝，慇懃戒勅，若犯逆者入斯典要，歡喜欣悅則無有逆，亦無危害而無罪蓋。」

耆年迦葉白世尊曰：「唯然！大聖！吾見證明於斯經典。向者就王阿闍世宮分別逆事，王阿闍世尋時逮得不起法忍，疑網即除。我時念言：『阿闍世本不曉了一切諸法，亦不分別諸逆之事。』唯然！世尊！諸法本淨，自然之性，而反思想計有吾我而立諸見，不能理練一切諸逆之本淨也！如阿闍世習近顛倒，虛偽眾想，成勤苦患，若究暢此，則無眾難。吾從今始，說諸群生亦無有罪，無惡趣法，其入此者，則超絕去，無有終始。」

佛言：「善哉！善哉！迦葉！誠如所云。諸佛世尊道義之政，無有塵垢。」

賢者阿難前白佛言：「唯然！世尊！建立斯經典，令後末世遊閻浮提。」

爾時，世尊從左右脇放大光明，普照三千大千世界，樹木牆壁普自然出如茲音響：「如來則建斯經典已。設此經典在大海中，若劫燒時，應聞是經，不得中斷而不聞也！」

佛告阿難：「悉如樹木、牆壁所出音聲。誠如所云，斯諸正士殖衆德本，最後世時，受是經者，終不中失。」

佛說是經時，九萬六千天人遠塵離垢，諸法眼淨，六萬八千人悉發無上正真道意，二萬二千菩薩得不起法忍，八千人離諸貪欲，三千大千世界六反震動。應時大音普告，天上、世間悉來供養於斯經典，諸天伎樂不鼓自鳴，普告天上、世間，悉來散華燒香、雜香、擣香、澤香，面悉值斯所轉法輪。如來於此所說經者，悉為降伏衆邪異道，卻諸邪行，抑制衆魔。斯如來印，則為精修如來之法。諸族姓子！便當分別求此法印究竟正見。佛說如是，王阿闍世、溥首童真、彌勒大士、一切菩薩、諸大聲聞、舍利弗、大迦葉、須菩提、阿難等，諸天、世人、阿須倫，聞佛所說，莫不歡喜。

文殊師利普超三昧經卷下

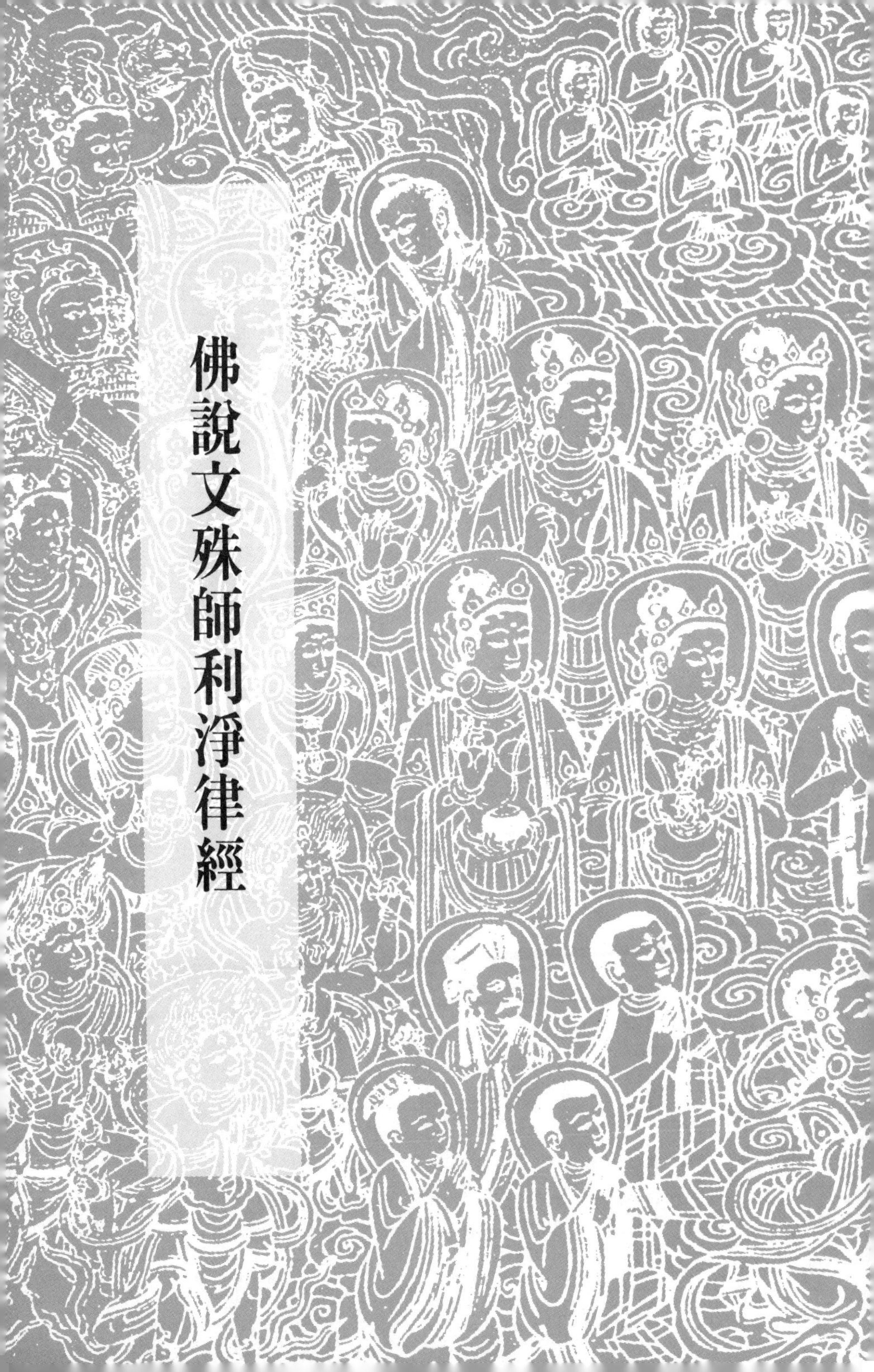

佛說文殊師利淨律經

佛說文殊師利淨律經

西晉月氏國三藏竺法護譯

真諦義品第一

聞如是：一時，佛遊羅閱祇耆闍堀山中，與大比丘眾俱，比丘千二百五十，菩薩三萬二千。彼時，世尊與無央數百千之眾眷屬圍繞而為說經。時，有天子名曰寂順律音，在於會坐，即從坐起，更整衣服。長跪叉手，白世尊曰：「文殊師利今為所在？一切諸會四部之眾，天龍鬼神、釋梵四王皆共渴仰，欲覩正士咨講妙辭，聽受經義。」

佛言：「東方去此萬佛國土世界名寶氏，佛號寶英如來、無所著、等正覺，今現在演說道教，文殊在彼，為諸菩薩大士之倫宣示不及。」

天子白佛：「惟願大聖！加哀垂威！今文殊師利自屈到斯。所以者何？文殊師利所說經法，開發結礙，靡不燿然，踰過聲聞、緣覺之上；文殊師利設說大法，一切衆魔皆為降伏，諸邪迷惑無得人便，諸外異道莫不歸命，其貢高者不懷自大，未發意者皆發道心，已發道心立不退轉，所當受者無不稽顙，所當執御靡不攬持，如來至真皆亦勸讚，因此聖教乃令正法長得久存。自捨如來，未有他尊智慧辯才頒宣典誥，如文殊者也。」

於是世尊見寂順律音天子之所啟白，為一切故則發大哀，演兩眉間毛相之光，其明普照，照諸三千大千佛土，通達周徹一萬佛土，大光照燿寶氏世界。

時，彼佛土諸菩薩衆，前問其佛：「是何感應先現此瑞？」

寶英如來告諸菩薩：「西方去此過萬佛剎，有世界名忍，其佛號曰能仁如來、至真、等正覺，今現在講法，演眉間光，照萬佛土，普耀此剎。」

菩薩問曰：「唯然！世尊！何故放光？」

佛言：「無央數億百千菩薩會彼佛土，釋、梵、持世及四部衆，皆共傾望文殊師利，欲得奉覲咨講經法。悉俱白佛：『奮斯光明遙請文殊。』」

寶英如來告文殊曰：「汝往彼土，能仁如來延企相待，衆會無不遲想，相見稽首，思聞欲聽禀受。」

文殊白佛：「吾亦尋知此光瑞應。」

於時，文殊與萬菩薩禮寶英佛，右繞三匝，猶如壯士屈申臂頃，於寶氏刹忽然不現，立于忍土在虛空中，不現其身，僉雨天花遍大衆會，花至于膝。

時，諸會者怪未曾有，皆白佛言：「此何先瑞而雨天花？」

佛告諸族姓子：「此文殊師利與萬菩薩應命俱來，在于虛空雨於衆花，以供養佛衆會。」

僉曰：「願見文殊及諸菩薩，若能親覲如是正士，甚為欣慶，難值難遇。」

說是未竟，文殊師利與萬菩薩，便即現身，稽首佛足，右繞七匝，各以威力神足變化，作大蓮華自處其上。

寂順律音天子白佛：「願發聖教，令文殊師利敷演道化，衆會踦驅，欲聞訓誨。」

佛告天子：「自咨汝心，便可稽問。」

寂順律音則白文殊：「寶英佛土有何奇特超異之德，至使仁者遊居樂彼？」

文殊告曰：「不興貪欲亦不滅之，不起瞋恚亦無所盡，不建愚癡亦無所除，不造塵勞亦無所壞。所以者何？無所生法亦無所盡。」

又問：「其佛說法，何所興為？何所滅除？」

答曰：「其本淨者，以無起滅，不以生盡。所以者何？彼土衆生，了真諦義以為元首，不以緣合為第一也。」

又問：「何謂真諦元首？何謂緣合以為第一？」

答曰：「於義無起，亦無所壞，無有相處，亦不無相，亦非一相，亦不離相，亦不顯相，彼無視者亦不無視，亦不諦視，亦不有盡無能盡者，已無所盡不可盡者，是曰真諦義。義者，天子！謂無心矣！無本心者，不教他人，不於此除，不度彼岸，不在中流，是真諦義。義者，天子！謂無文字乃為聖諦。所以者何？如佛言曰：『一切音聲皆為虛偽。』」

天子又問：「如來所說將無欺乎？」

文殊答曰：「如來所說，無誠無欺。所以者何？如來於二心無所住，而於有為無為之法無有言辭，由是之故無誠無欺。於天子意所趣云何？如來之化設有所說，為實為虛？」

答曰：「不誠不欺。所以者何？如來之化，不有四大，亦無誠實。」

文殊答曰：「如是！天子！一切諸法皆亦如化，自然之行，如來所解，無所成就，亦無所住，以是之故，所宣講法不誠不欺，歸于無二。」

又問：「何謂如來說真諦義？」

文殊答曰：「真諦義者不可講說。所以者何？其義趣者，無言無說，亦不可得。」

說是真諦義時，五百比丘漏盡意解，無數千人遠塵離垢，於諸法法眼淨，萬二千菩薩逮得無所從生法忍。

聖諦品第二

寂順律音問文殊師利：「其真諦義甚為難解！」

文殊答曰：「如是！天子！其慳怠者於真諦義甚為難解。」

又問：「何謂比丘精進？」

答曰：「無所斷滅，亦無所除，而不修行亦不取證，是為比丘奉行正義。所以者何？其自念言斷滅如是除去，若此修行取證，則為壞想、顛倒、放逸、衆行俱合，又計斯者非正精進。」

又問：「何謂正精進乎？」

答曰：「其等無本及與法界等，於五逆亦復如是；如等無本及與法界，於六十二邪見，亦如凡夫之法，學法、不學聲聞之法、緣一覺法、佛法，亦如如等佛法；生死之法，其泥洹法，愛欲、塵勞、諍訟、顛倒亦復如是。比丘若茲精進行者，乃正精進。」

又問：「何謂所行平等，如等佛法及於愛欲、塵勞之義，亦等諍訟、顛倒之事？」

文殊答曰：「用空、無相、無願等故。所以者何？空者不別無所若干，猶如，天子！坏瓦器內空，及與寶器之內空者，俱同等空，無有若干，不可言二。如是，天子！愛欲之空，及與諍訟、顛倒之空，上至道空，彼則俱空，無有若干，不可名二。」

天子又問：「何謂菩薩修行聖諦？」

文殊答曰：「假使菩薩不行真諦，何因當為聲聞說法？所以者何？菩薩行諦多所察護，聲聞無護；菩薩行諦廣大難限，聲聞偏局；菩薩行諦將護眾生，而於本際無所造證；菩薩行諦善權方便，不捨生死泥洹之門；菩薩行諦普觀一切諸佛之法。猶如，天子！有一士夫，竊捨大師馳逸犇走，獨身無侶，心懷恐懼，渡於曠路不敢復還。聲聞如是意懷惶懅，怖畏生死，不護眾生，不能堪任遊渡一切終始之患，獨自行諦不護佛法，離權方便無有慧侶，不亦然乎？猶如天子謂彼大師多獲盈利，齎無量寶，璝琦異珍，賜衆賈人超越曠嶮。菩薩如是，亦如大師積行無量道寶無限，修於大慈無極之哀，真諦聖慧，饒益一切，無數辯智以為傲富，遊一佛國復遊一國，六度無極，攝行四恩，以濟危厄，矜救衆生，還入生死，善權方便，修行聖諦，度諸未度，解諸未解，周旋三界，獨步無侶，開化未聞，使入大乘。

「猶如，天子！垢穢弊衣，以思夷華、黃白須曼而用熏之，香氣不久尋便歇盡，聲聞、緣覺行諦薄尠，亦復如是。便中滅度不修所願，不至於佛戒、定、慧、解、度知見事、度脫之香，亦復不能降伏罣礙塵勞之欲。猶如，天子！細嬬妙衣，其價百千，以天殊特珍寶諸華，百千萬歲熏此好衣，其衣常香，香氣普流，巍巍芬馥，未曾有歇，諸天世人皆所愛樂。菩薩如是，從無數劫行諦法香不具，所願不中滅度，而常演出佛無上道，戒、定、慧、解、度知見馨，降伏罣礙塵勞之欲，遊於天上及至人間，天、龍、鬼、神、諸阿須倫、君子、庶民莫不奉敬，恒弘濟度。」

寂順律音天子復問文殊：「其寶英如來至真佛土，聲聞之衆為如何乎？」

文殊答曰：「不御篤信，不從他教，不行於法，不毀法界，亦不八等離於八邪，不須陀洹，皆度一切恐懼惡趣，非斯陀含來化衆生，非阿那含於一切法無所往來，非阿羅漢而皆受於三千世界供養之利，不離於欲亦不以欲而見瘱患，不離瞋恚不以怒恨而見燋然，不於衆生而懷害心亦無所憂，不離於癡不以愚騃而為危難，滅除窈冥及一切法，不離塵勞慇懃精進，化去一切衆生愛欲，逮得高節，無所從生，而遊現生，於諸想念開化衆生，不計吾我及與人、壽，悉無所受亦無所捨，淨必一切人民所施衆祐之德。無意無念，以修意止，奉四意斷，不起不滅，行四神足身意寂然，遵于五根，曉了一切衆生本源，行于五力降伏塵勞，念於覺意解平等慧，淨修道教，棄捐邪徑，證于道訓，不得無為，遊趣寂寞而行本際，觀於所觀僉入法界。滅於無明，盡于愚癡，興于聖慧無上正真，而除於三解脫之品。則以肉眼皆見衆生，一切佛土諸佛世尊所化人民；則以天眼覩于五趣生死往來周旋人民，蜎蜚、蠕動，蚑行、喘息、形物之類之所歸生；則以慧眼察知一切衆生之疇心行所念；則以法眼覩見三世三界，羣萌一切人民所可行者；則以佛眼皆用明觀一切諸法，法藏秘典聖燿所照；則以天耳遙聞諸佛所宣經法，以無念慧念知過去無央數劫之所更歷，而以神足遊於無量諸佛國土，靡不周遍，盡于諸漏，不至無餘修解脫也。

「而現其形無有色身，有所講說不演文字，有所思惟無心想著，示於顏貌姿艷端正。以相莊校衆好若干，而以功德自嚴其體，威神殊絕無能當者。名稱普流功動闡布，通于三世無所弊礙，以咨嗟慧而為馨香，自熏其身，則於世法而無所著，不為塵勞而見染污，惡口麁辭不能毀之，則以神通而自娛樂。博聞無厭，頒宣辯才為師子吼，以智慧光靡所不照，聖明之達而為雷震，滅除閉塞幽隱之愚。所說無盡，通解總持，佛所觀察聲聞、緣覺所不知處，常見諸佛覺意如海，三昧之定猶須彌山，忍辱柔和等之如地。勇猛之力降魔官屬，棄諸外道，安樂自在如天帝釋，喻若梵天心得由已，無有儔匹，求比難比而無等倫，亦如虛空不可為喻，靡所不周，無所不入。天子！欲知寶英如來所生國土，聲聞之衆其功德勳，復超於此，如吾所歎不可計量。」

文殊師利說是語時，五百比丘、五百比丘尼、五百優婆塞、五百優婆夷、五千天子未得道證發心，白佛：「世尊！我等願生於彼寶英佛土，得為聲聞。」

文殊答曰：「諸族姓子！不可以懷聲聞之心生彼佛土。汝等當發大道之心，乃致彼土。」

應時受教，皆發無上正真道意，佛悉記說當生彼土。

解律品第三

寂順律音天子復問文殊：「何謂聲聞律？何謂菩薩律？」

答曰：「受教畏三界難，厭患瘀者，聲聞之律；護於無量，生死周旋，勸安一切人民、蚑行、喘息、蠕動之類，開導三界，決其疑網衆想之著，是菩薩律。惡厭積德，以用慳廢，不能自進，是聲聞律；興功為德，不厭諸行，以益衆生，因而得濟，是菩薩律。滅除一切塵勞之欲，己身所惡，是聲聞律；政伐一切眾生塵勞、恩愛之著，是菩薩律。不覩諸天心行所念，所志不同，是聲聞律；目見三千大千之佛國土，根心所歸，是菩薩律。但能察己心之所行，是聲聞律；普見十方諸佛處所眾生心念，是菩薩律。唯照己身志性所趣，是聲聞律；光于一切人民之行，蜎蜚、蠕動心念，思惟三界之居，各有本末，是菩薩律。難將以護一切眾魔，是聲聞律；降化一切三千大千世界諸魔官屬，壞眾魔行，能受正法，是菩薩律。如毀破碎瓦石之器不可還合，小志之德滅度如是，不進正真，是聲聞律；猶若金器，雖為破敗，終不遺棄，即可還合，以為寶器，大士現滅，深慧法身，永存不朽，不增不減，續現三界，是菩薩律。若大火燒山林、樹木，莫不燔燎，禽獸馳竄，小志若茲，畏三界難，藏隱泥洹，是聲聞律；樂于生死，獨步三界，意無怯弱，欣心娛樂，道法之樂，勸化眾生，亦如苑囿，遊觀之園，花實茂盛，多所悅豫，是菩薩律。不能斷除罣礙盤結之難，而有處所，是聲聞律；磨滅一切蔽蓋之患，永無止處，是菩薩律。取要言之，而有限節，自繫縛身，以有限德，而見成就戒、定、慧、解、度知見事，不能具足無極大道，是聲聞律；所接玄邈，志如虛空，功勳無量，戒、定、慧、解、度知見品不可稱載，是菩薩律。

爾時，世尊嘆文殊師利曰：「善哉！善哉！快說解此諸菩薩律。文殊！聽吾引喻重解，令是義歸廣普究竟。猶如二人，一人嘆譽牛跡之水，一人起立咨嗟大海積水之功，於意云何，其人歎譽牛跡之水能久如乎？」

答曰：「牛跡之水甚為少少，不足稱譽。」

佛言文殊：「聲聞之律，所見威神，亦復若茲，如牛跡水，不足稱譽。彼人起立嗟嘆大海能如何乎？」

答曰：「甚多！甚多！天中之天！其大海者，無有邊際，不可齊限，深廣難計。」

佛言：「菩薩之律當作是觀，猶如江海不可訾量。」

佛說是時，二萬二千人逮得無所從生法忍，異口同音皆而歎曰：「我等，世尊！當學於斯菩薩之律，開導發起無央數人。」

寂順律音天子復問文殊師利：「文殊！為學何律？為修聲聞、緣覺之律？若菩薩律？」

文殊答曰：「於天子意，所志云何？其大海者，為受何水？捨置何水？」

答曰：「其大海者，無水不受。」

報曰：「如是！天子！菩薩之律，猶如大海，不逆汚塗，十方諸律，靡不歸之，聲聞、緣覺、一切衆生，開化行律，而普遊之。」

天子又問：「文殊師利！所言律者，為何謂乎？」

答曰：「所言律者，開導教化恩愛塵勞，故曰為律。曉了貪欲，故曰為律。」

天子又問：「何謂開導恩愛塵勞？何謂曉了於貪欲者？」

答曰：「衆念思想計有吾我，處于諸見，不棄顛倒，不捨不明、愚癡之本，行于二事，興發塵勞，分別此者，是謂曉了貪欲也。彼若修行無貪思想，淨導隨順，不計吾我，不住諸見，捐捨顛倒，棄捨無明、愚癡之冥，不為二行，塵勞不興，亦無諍亂，無諍亂已，究竟永安，是謂開化塵勞之律。譬如，天子！其有術明識能知毒虺種類，便以呪術除去毒害。學者若斯，設能分別塵勞本末無有根源，則能消滅塵勞恩愛。」

天子又問：「何謂開化塵勞本末之律？」

答曰：「於衆想念本末所行，無有想念，則不興諍，已不興諍則無所著，已無所著則無所倚，已無所倚則無所住，已無所住則無惱熱，已無惱熱，究竟被教而蒙度脫，此謂為律。設使，天子！以賢聖慧，玄妙之智，曉了塵勞恩愛之本，虛妄空無，無所是在，無有常主，亦無所屬，無所從來，無所從去，無有處所，亦無方面，無內、無外、亦不兩間，亦不積聚，無色、無像、無有形貌，是為曉了塵勞恩愛之本。」

天子又問：「塵勞云何而蒙度脫？為實？為虛？」

答曰：「猶如有人，臥出夢中，毒蛇螫之，其人若痛，不能堪任，尋時便服除毒之藥，其毒即滅，痛瘱休息。於天子意所趣云何？其人審為毒蛇所螫，為虛事乎？」

答曰：「為虛！不可言實。」

又問：「設使虛者，何故被毒而蒙藥除？」

答曰：「如虛妄夢，夢虛不實，而被於毒，毒除亦然，亦無所除。」

文殊答曰：「衆聖解空，開化一切塵勞恩愛，亦復如是。如天子問：『何謂開化塵勞恩愛？為實？為虛？』欲了此義，如我之身，計無有身，恩愛塵勞實無恩愛，亦復若斯。設使我身是實身者，恩愛塵勞亦當常存，所以塵勞，無塵勞者，用我己身，無有身故，由是之故，無有能得開化塵勞。所以者何？一切諸法皆為寂寞，而無生故；諸法惔怕，不可受持故；諸法靜默，無歸趣故；諸法皆盡，無積聚故；諸法無盡，無所生故；諸法不生，無所成故；諸法無成，用無造故；諸法無作，無所為故；諸法無為，用無我故；諸法無我，用無主故；諸法無主，如虛空故；諸法無來，無所著故；諸法無*去，從無住故；諸法無住，無所受故；諸法無受，無所著故。是故，天子！究竟蒙化，成為法律，亦無所化。」

道門品第四

天子又問：「一切諸法以何為門之元首也？」

答曰：「無順之念以為門首，周旋生死，順義之念，為泥洹矣。不行精進為罣礙門，精進之行為道品門；狐疑之行為陰蓋門，勤修解脫無罣礙門；思想諸著為塵勞門，無所想念、無有虛妄、無恩愛門；諸亂多念眾妄想門，寂然之行為恬怕門；六十二見為憍慢門，修於空無無自大門；隨惡親友為惡罪門，從善親友為善法門；眾邪見事為瘷患門，正見之義為安隱門；慳貪之事為貧匱門，布施之義為大富門；毀犯戒者，便當歸趣諸惡道門，奉修禁戒，當歸一切生善處門；喜諍訟者，違失法門，若忍辱者，得歸殊特超異之門；為懈怠者心垢穢門，遵行精進為無垢門；放逸之事為亂意門，一心之事為定意門；惡智之行，癡冥之惑，如牛羊門，修智慧者三十七品，為道法本師子之門；而悉具足慈心行者，無所害門，悲哀行者志和雅門；性以和柔，無諛諂門，而行喜悅樂法樂門。修行護者無所適莫，無增減門；行四意止，不失宿德，諸所福門；四意斷者，順平等門；四神足者，心身輕門；五根行者，篤信之義，為元首門；五力行者，不為塵勞及諸愛欲所沾污門；七覺意者，悉已曉了平等慧門；八道行者，棄捐一切衆邪異徑迷惑之門。復次，天子！計於菩薩為諸佛法元首之門，將護諸法，法自在門故；善權方便，曉了處處無處之門故；智度無極，通知一切衆生心念所念，順度彼岸門故；六度無極，攝於六欲，令無所處為大乘門故；觀求於空，三界如化，終始如夢，智慧明門故；一切諸法皆為本無法無生忍，明達自然，無所不了，其慧不依他人明故。」

天子又問：「文殊師利！何謂法界之門乎？」

答曰：「其法界者，則曰普門。」

又問：「其法界為何所界？」

答曰：「一切衆生之所界者，名曰法界。」

又問：「其法界者，豈有分際？」

文殊答曰：「虛空之界，寧有分際乎？」
報曰：「不也！文殊！」
答曰：「猶如虛空，無有分際，法界如是，亦無分際。」
天子又問曰：「豈可分別於法界乎？」
答曰：「其法界者不可分別。」
天子又問：「仁者！何因解明諸法，乃能曉了如斯辯才？」
文殊告曰：「於天子意，所趣云何？其呼響者，而有音出，以何解法？」
天子報曰：「其呼響者，不解諸法，以緣合成，乃響出矣。」
答曰：「如是！天子！菩薩皆因眾生緣故，而有所說。」
天子又問：「仁者！為住何所，而有所說？」
答曰：「如來化住有所講，吾之所住、所演若斯。」
*問曰：「如來之化法，無所住而有所說？」
答：「如如來化於無所住，而有所說，吾之所宣亦復如是。」

「設使文殊於一切法無所住立，而有所說，仁何所往，成立無上正真之道，為最正覺乎？」

答曰：「吾住五逆，乃成無上正真之道。」

又問文殊：「其五逆者，為住何所？」

答曰：「其五逆者，無有根本，亦無所住。」

又問：「如來說言，其作逆者，無間可避，不離地獄。」

答曰：「如是！天子！如佛所說，其作逆者，當墮地獄。若菩薩住於此五逆，疾逮無上正真之道。何謂為五？假使菩薩慇懃至心發大道意，去小乘心，而不墮落聲聞、緣覺之地，是第一逆。發心廣施一切所有，無所愛惜，不與慳貪而共合會，是第二逆。而發慈心一切衆生，吾當度之，不中懈廢，是第三逆。見一切法無所從生，尋便逮得無所從生法忍，不復中與六十二疑邪見俱合，是第四逆。所當知見，所當斷除，所當頒宣，所當成覺，發意之頃，悉知見覺，靡所不達，而無所住，成一切智，不著三界，是為五逆。」

文殊師利謂其天子：「菩薩已住於是五逆，爾乃疾成無上正真之道，為最正覺。」

天子又問：「所說何謂逆不成逆？順不成順？」

答曰：「如紫磨金及如意珠，雖墮不淨，為俱合乎？」

答曰「不合！所以者何？其物真故，不與偽合。」

文殊告曰：「人心本淨，縱處穢濁，則無瑕疵，猶如日明，不與冥合；亦如蓮花，不為泥塵之所沾汚，譬如虛空無能汚者。欲行學法，發菩薩心，住於諸逆亦不動搖，開化諸逆則名曰順，其心本淨，不與穢合。所以者何？設使合者，不可復別，水及泥土尚不俱合，況于心本清淨，無形與形合乎！」

佛說文殊師利淨律經

佛說文殊悔過經

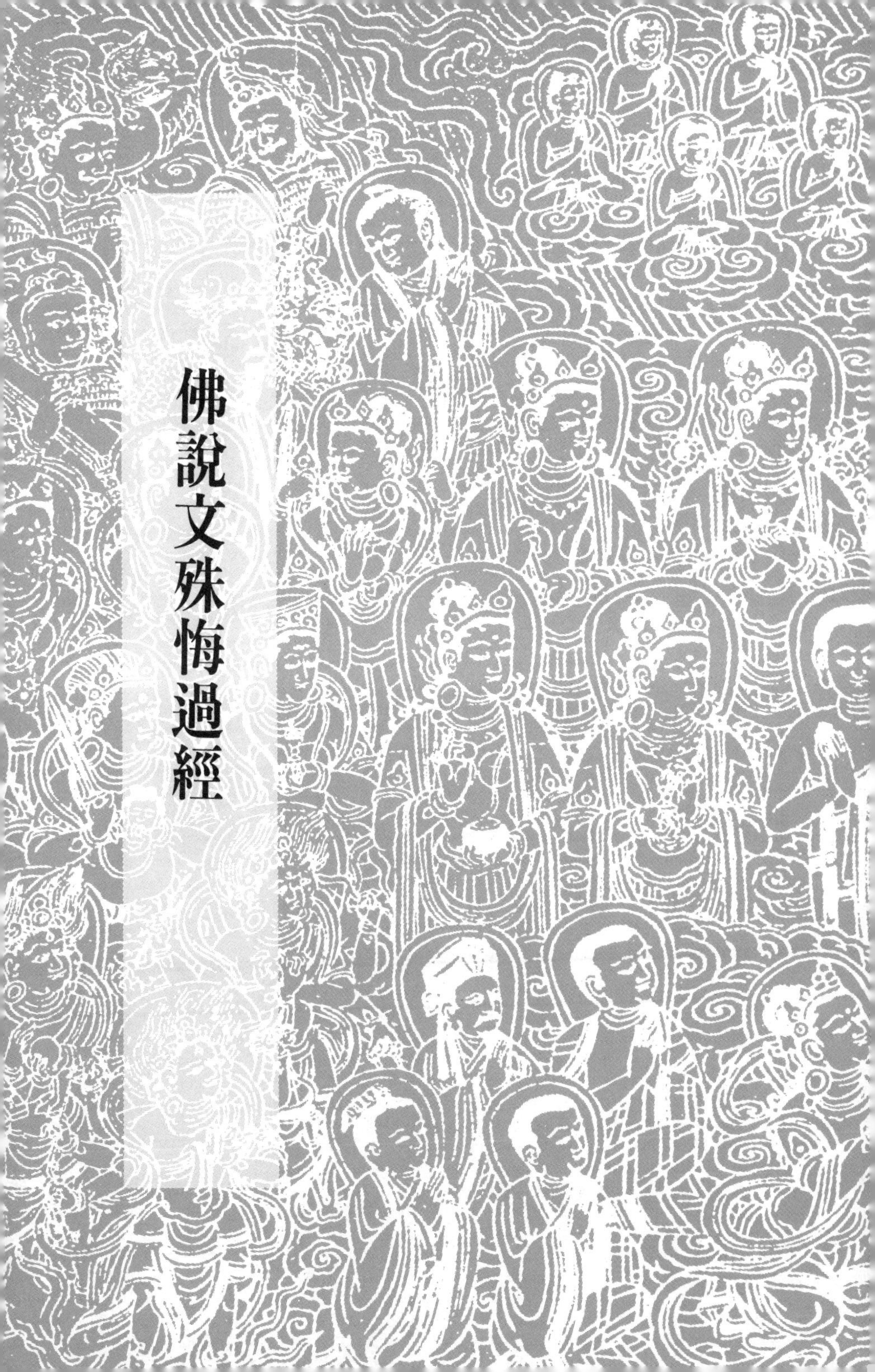

佛說文殊悔過經

西晉月支國三藏竺法護譯

聞如是：一時，佛在羅閱祇耆闍崛山中，與大比丘衆俱，比丘千二百五十，菩薩無央數。一切大聖，神通已達逮得總持，攬十方慧立三脫門，曉了三世無所罣礙，頒宣三寶救濟三界，開演三乘使曉本無無上正真。

爾時，文殊師利菩薩遊羅閱祇耆闍崛山，與諸菩薩、不可稱計諸大弟子、天、龍、鬼、神、乾沓和、阿須倫、迦留羅、真陀羅、摩睺勒等眷屬圍遶，而為衆生廣說經法，開演分別。志三乘學其來聽者，本學聲聞，尋問文殊四聖諦事；學緣覺者，則已自問十二緣起深奥之事；學大乘者，則從已行諮問咸受六度無極、四等、四恩、善權方便無極大道，或問神通、四無放逸、四等心、行諸分別辯菩薩之道、三十七品、不退轉地、超入寂滅，或問*上界悔過之處、十地、十忍、十分別事、十瑞、十持、十印、十三昧定，或有問於不壞諸法入于一義無從生忍。文殊師利各隨所問而發遣之，可悅其心令無餘疑。

爾時，會中有諸新學發意菩薩而來聽受，不能將護罪福之緣，陰蓋所覆而為虛妄狐疑所蔽，習在顛倒無勇猛志，依倚形色㧗怯弱心；不能諮啟文殊師利，淨除因緣一切罪苦，修學大乘至無上道。

時，彼會中有一菩薩名曰如來齊光照燿，見諸新學菩薩心念，志懷猶豫不能自決，則前白問文殊師利無罪之事、悔過之義，無失勸助，諮請無過不違誘進。

文殊師利即答如來齊光照燿菩薩：「是族姓子！菩薩大士欲除罪業，奉行平等入於過去、當來、現在佛法，五體投地，尋復起立，右膝著地，口自說言：『一切衆生從於左路著於左道，其在邪見，悉當立之於賢聖法；欲化一切衆生之類，皆至無上正真平等之道。』以是之故，右膝著地當宣此言：『猶若如來、至真、等正覺詣於道場坐尊樹時，蠲除一切衆惡之法，諸善普備，吾亦如之。』

「觀首遍體以手摩之，重以右手而指于地：『吾當降魔并及官屬，若得佛道，令一切人衆生之類消伏魔事及外怨敵，坐佛樹下指地要誓，成佛聖慧，如本世尊右手指地，降十八億諸魔官屬。』

「以是之故，所以右掌而案著地，以當左手案著於地。又跪左膝，口說此言：『假使有人住愚癡法，所受顛倒而不順義，憹悷難化不成好器，慳貪垢穢而處危害訾毀同學，今者識道改往修來，而皆諦受於四恩行。』是以左手及與左膝著於地矣。

「假使頭腦著於地時，口演此言：『使一切人棄除貢高自大之心，孝順父母，奉敬尊長，若干種養，當以逮得無能見頂佛之髻相，越度一切世間諸法，身過三界，慧踰虛空。』

「今吾自歸，以是五體投地禮德，使諸衆生至成大道。世俗之人生長五蓋，以此功德自然棄除五蓋之蔽，具足五根究竟五力，絕滅五欲逮得五通，遠離五陰成就五眼。其在五趣衆生之類，獲致殊特五法之行：禁戒差特、三昧、智慧、修於解脫、度知見事。以是五體投地之德，陰蓋以消，住根、力者常念如來，未曾捨懷。

「復說此言：『諸佛世尊唯垂恩慈而見愍念。於是一切十方世界所有菩薩上至諸佛，慧無罣礙其行不二，於是平等將護法相，以法身體清淨之言無有解說，鮮潔之心而無有心，一切諸法，慧無陰蔽、無來無去，於一切智悉愍普見，等入如來證明要義；過去、當來、今現在法，識知罪福因緣之報。諸佛世尊乃為聖眼，其慧成就悉能證明，為人重任備精進已。吾從本際至於生死，於真諦際而自迷惑，不能敏達無所識知，處在非法興於法想，違犯政律以為律想，非是衆祐為衆祐想，興發不善以為善想。心隨顛倒不了無常、苦、空、非身，自貪見身，諸惡罪業所為非法，不順典約佛所禁限，自犯此罪若教他人。方當所作罪、蓋、塵勞，不聽聞法，憎惡菩薩聖衆之業，不奉道教見諸魔事，遠波羅蜜諸度無極，若人布施抑令不為，壞人德本使不成就。吾今皆從十方諸佛世尊光燿，悔過自首不敢覆蔽，令除其殃，改往修來，從今已後不敢復犯。勿復令我有衆罪蓋，墮於地獄、餓鬼、畜生、鬼、神、貧窮；若在人中莫令乏匱，設在天上勿為貧天，博達衆經莫貧於道，財業豐饒莫使厄匱，用七法財以給少智。眼、耳、鼻、口、身、意、陰蓋，斯侵親屬心壞因緣。若生邊地家室鬪諍而相別離，臭惡、瑕穢而不可忍，莫與如此眷屬共會，常使應行正士俱會而與相見。今從十方諸佛悔過，改往修來，不敢藏匿。』」

文殊師利言：「當復自責：『我前世時行不清淨，毀身、口、意，婬、怒、愚、癡興心為害，放訑諛諂，多求無厭，積累惡業，誹謗輕調，毀佛法衆。不孝父母，蔑於尊長；衆祐凡人，噎其功勳；不能自覺，輕智慢聖；自歎其身，求他長短；既身自犯，又勸他人；其順行者，教令越法。不知佛時，不知法時，不知僧時，不知善惡時。深沒貪婬，瞋恚所沮，愚癡所蔽，不能精進；嫉妒不實，兇暴難化。多所志慕計任吾我，處人壽命與五趣念，乞求合集懷諛諂想，積累無限非法之行。自計有身，念是我所；無常為常想，苦為樂想，無身為身想，不淨為淨想，墮四顛倒。種於惡業，醉於形色，迷於財業，惑於傲貴，荒於國位，亂於眷屬，所作過罪。見覩諸佛、聞所說法不肯諮受，不供聖衆離於德本，捨度無極而忘道心，違失三寶。若復棄捐無盡正業、無量功德，及不可盡聖慧辯才；所欲自恣，從惡知識，遠於善友。從十方佛自首悔過，改往修來，不敢藏匿。』」

文殊師利復曰：「當自悔言：『我前世時志於下劣，所遊土地而興誓願；毀呰大乘，遏斷正教；勸從邪徑，誹謗正法；佛所頒宣深妙之典、若干種教，抑制法輪使不通流；若身自犯，設教他人。勸助非法，破壞塔寺，敗亂聖衆，散縣聚落，毀大國土。若危城邑謀圖帝主，害於種姓內外親屬；若復傷殘他人身體，令生瘡瘢，危其命根，閉於牢獄若教人殺。其心迷荒常懷狐疑，教人猶豫說他罪殃，使不順戒處於邪見，從異道教，反其正行，自懷怨心，亂他人意，令必瞋恚。所作過罪，若身自犯及教他人，皆從十方自首悔過。佛世光明，唯蒙見濟，改往修來，不敢藏匿。』」

文殊師利曰：「當復悔過言：『我身前計有吾我，言是我所，所見顛倒，住於貪婬。心者無本而想有心，不能明了心如幻化也，其本自然；不能分別諸佛之法，發於無上正真道意，而欲覩見道之處所，一切諸法悉無所有而反言有。其身、口、心所作善惡，皆從十方諸世光曜自首悔過，改往修來，不敢藏匿。

「『吾往本時，所行布施、持戒、忍辱、精進、一心、智慧，不解三昧住顛倒見。若布施者，妄想求報；心念所取，護於禁戒；想我、他人，修於忍辱；心倚著身，奉持精進；住于衆想，興發禪定，念應、不應，而想有人；樂于放逸，貪求智慧，志慕歸道，謂有處所。皆從十方世光悔過，改往修來，不敢藏匿。

「『吾往古時，不能曉了正真之義；供養於佛，而反倚求色相莊嚴、八十種好。雖奉事佛，不能入於法界無所壞法，亦不曉了無所住法，而住諸法、想法若干。設聞經法若講說者，思惟所趣，而不分別無為之法。計於聖衆而有數想，供養衆聖亦起悕望。皆從十方世光悔過，改往修來，不敢隱匿。

「『吾往古時，希望諸法，求空處所，遊於閑居；限節知足，少欲為德，不能識知一切法空，心無所著，爾乃可謂靜處燕坐。住於法界，不能解達法界無受，及衆生界亦無所受。及依吾我，立僻沈沒，不能行道，而計有人，不修四恩，當救眾生亦不能濟。亦不曉了佛道自然、相亦自然，於三十七道品之法見有吾起而倚求望。不知寂然沙門之義，出家所修奉受具戒，依比丘行，如是及餘所造德本，因其德本獲致安隱，有為之福與無為安，超絕迥遠不與道合。皆從十方世光悔過，改往修來，不敢藏匿。

「『如過去佛，諸天中天本為菩薩奉行道時，皆悔諸罪、罣礙、陰蓋，吾亦若茲。當來、現在諸佛世尊本所修改，我今悔過亦當如是。向尊自首歸命於佛為上為長，最勝殊特無上之德為無等倫。諸佛聖慧巍巍無量，悉知一切世界所有眾塵諸數而得自在，普能曉了眾生心念。吾等之身從無央數阿僧祇劫，所行迷惑而自放逸，悔一切罪、陰蓋之患，如為己身所悔殃釁，及為地獄、餓鬼、畜生，在於五趣一切眾生罪所蔽者，今吾皆以五體*禮虔☆而為悔過。曉了微妙，除諸限礙，已能遊入觀一切法；譬如虛空，所可悔者無罪無報亦無塵染。已入諸法無罪、蓋者，乃為名曰悔一切過。』

「是族姓子！菩薩大士往古結縛，一切所行眾念妄想，財業因緣所受依倚，而住處所皆當悔過。若使於中，如此色像所受思想行不平等，當令明了一切無本；假使一切無所行者，乃能得入於斯本際、無想之際、無形想際、無有二際、無陰蓋際、無所得際、無身之際、離欲之際、無所習際、無所行際、無罣礙際、無所歸際、無所由際。是則名曰菩薩大士自首悔過，無有罪害，得至佛慧，滅除一切休息、殃釁、罣礙之蓋。

文殊師利曰：「悔此一切衆罪過已，尋發無上正真道意，請為一切衆生之類，除諸殃釁使無罪蓋，令在世間成佛正真，莫為聲聞、緣覺之乘開化衆生，諸求度者吾當度之，諸未脫者吾當脫之，諸求滅度者當滅度之；為一切人救濟之宅，擁護自歸導示道徑。將順燈明光明之曜，為衆將師、賈人大導，以是如來十種之力，尋發意頃，令得莊嚴四無所畏、三十有二大人之相、八十種好、如來音響、八部之聲。明識如來善權方便入衆生心，佛之弘廣無上大慧，在於法界，禁戒清淨，無有缺漏，而雨諸法金剛章句，不捨一切羣生之類，則不退轉，究竟得至於一切智，諸通之慧與正真心，與諸佛法而無所著，以諸德本勸助諸佛。

「過去、當來、今現在佛本行學道，從初發意至於無上正真之道成最正覺，於此中間所顯德本如佛所教。一切諸法則無根原亦無所住，所施捨者而無所施；本性清淨，禁戒鮮潔，乃無所犯，衆生盡索而無所起，乃曰為忍；靜默無作，乃為精進；其心自然而無所生，乃為一心；度無所度，不越駛水，棄諸邪見，乃為智慧。入於深遠十二緣起而無所入，乃可堪任名為玄妙。明達行空，乃為慈心；作無所作，乃曰為哀；不行諸法，乃曰為喜；若越四瀆而無有二，乃曰為護。無受、不受，亦無所攝，乃為四恩。無有根本，亦無所住，乃為德本，名曰五根。意無所念，亦無所遊，乃為五力。覺了真諦一切本末，為七覺意。不合於二，無合無散，乃曰道矣。獲致*定然，澹泊之行，乃曰為寂；以慧解度，不違柔順，乃曰為觀；以慧為黨，乃曰神通。吾皆以此勸助歸趣，不退轉輪等御至佛。所以如來具足莊嚴成就其身，則以此義演文字說，隨諸衆生言語音響為分別解，所可頒宣靡不周遍、無能抑制。所以如來於十種力常得自在，以慧莊嚴而得成就，示現一切諸佛變化，無上無極最尊無比，為無等倫；我皆勸助如是法行。

「其有過去、當來、現在諸佛世尊本清淨身，而解自然悉不可得；所言清淨，其心清淨亦不可得。無所發遣供養諸佛，於一切法無所將護乃為護法，無德無眾為供養僧，皆已備悉威儀禮節，亦以成就一切諸行，其行如是并及餘事，而曉去、來、現在諸佛道慧平等。等行佛法，不誤墮於一切眾魔，不與諸法而俱同塵，不著聲聞、辟支佛地，斷絕諸非，奉度無極，逮得總持，修菩薩行，速近於道。悉能報答眾生所言，恣隨眾人之所欲啟各令得所。常住平等所行由己，莊嚴一切諸佛國土，辯才光曜歸于清淨，斷諸惡趣，三昧自在。恣隨一切眾生所為，得諸總持靡不照明，辯才聖達皆當從己，則以所發一切智心，悉用勸助諸佛道慧。

「其諸過去、當來、現在，逮得佛道無有眾漏，戒、定、慧、解、度知見事，周遊諸力無能退轉，緣無所畏諸佛之法，無所罣礙。其無極慈行無等倫，其大哀者不戴仰人，等如虛空無能察頂。無二功德報應之相，清淨蠲除迷惑之心，而自莊嚴其身、口、意。諸天、釋、梵普來勸助，敷演道教而轉法輪，棄去無智不達神識，化諸眾生建立佛慧，吾悉勸助使至於佛無上大道。

「其有去、來、今現在佛臨滅度時，善權方便威神建立，流布舍利令人供養，攝取一切衆生志性，從始至終乃能至于正法滅盡。我皆勸助所可勸助，志於佛慧無上大道。

「去、來、現在諸佛世尊現於滅度，合會聲聞過諸罣礙，導御篤信解法界味，導御法念度於八邪，所謂八等住於無為種性之地。其種性衆而反其流至須陀洹；二反周旋，為斯陀含；沒此生彼，不復迴還，為阿那含；無為無起無所，復進為阿羅漢；分別曉了深妙緣起十二之因，為辟支佛；日悉通見，慧靡不達者，為諸菩薩。初發意者心等如地，普入衆行所行真諦，窮盡生死諸法之原，具足佛法為不退轉，於一切生而無所生，乃能逮入一生補處，講說宣暢無所有慧而奮大光，諸所德本悉無根本亦無所住。吾悉勸助如是像法，志於佛慧無上大道。

「其有去、來及今現在三世之中，衆生之類淨諸佛眼，所可布施，不計吾我，無所貪愛，所作功德、禁戒無盡不可限量，所修道義其行無行。所有功德悉以勸助諸佛之慧無上大道，而不差別等無所損，清淨離穢猶如虛空。入於殊妙智慧眾聖則為最上，導御眾義精進行法，自然如空真實無比，亦如無為便無有侶；以是勸助。

「取要言之，如去、來、今諸佛世尊，本為菩薩行求道時，所行無量智度無極，善權方便無所罣礙，真實之行善修清淨，行清淨已證取佛慧，所可勸助眾德之本方當勸助。吾當學此所尊修法而效勸助，志於佛慧無上大道，使諸眾生如十方界滿中諸塵，身所行事一切見佛，悉令發心不可計會，解於大道自在所行。吾悉勸助斯眾德本，了此德本不可捉持，一切諸法猶如虛空。若能勸助此德本已，則無有本，已離諸本不可護持，無所志念寂然無生，達無生已便入諸法，已入諸法便勸德本。如為己身所可勸助，亦復勸助一切菩薩，開化眾生俱復如是等無差特。是族姓子！菩薩大士勸助佛慧，順而無失乃至大道。

「復次，族姓子！菩薩大士所住如此深妙大義，然復口宣斯之言教。其有十方不可稱計諸佛世尊，在其世界逮得無上正真之道，成最正覺，曉了經典，過於四魔，逮成無獲澹泊之法，皆離文字應聖二事。如所逮法而復觀察，善權方便示現受法，開化所應可度眾生，不失大哀稽首請問。樂於靜寂觀彼佛樹，為諸天、龍、神、揵沓和所見諮嗟，解了音響、言語、文辭為一切說。若立此行則能降伏魔及官屬，化諸怨敵令無刺棘；所曰刺棘，三毒之謂。具足所願輒如所念，滅除曚冥，則成世間無極弘曜聖慧之明，入於無量分別聽達，道靡不通，其智慧輪莫能遏毀。行權方便，暢識一切眾生根本，為說經法莫能抑制，而皆斷絕一切處所閉結之行，照見羣黎所欲咨受。

「五體投地稽首諸佛尊敬歸命，為勝、為殊、為最第一、為無等倫、無有過上、不有譬喻、無可為侶，佛之智慧如是難及，觀無二際。我如此禮乃為禮佛，無所從生亦無所至，為忍辱禮首悔殃釁，以稽首佛悔過自歸，殃罪消索，雲除日出。假使無量十方一切所有世界滿中眾塵，如此之數眾生之類口所宣說，發心之頃思念諸想不可計會，勸助諸佛令轉法輪。此諸世尊轉無上輪、至無二輪、無有形相無成就輪、不可得輪、裂壞一切魔羅網輪、久遠已來覺無從生逮致大道而*悟起輪、開化眾生嚴淨十方諸佛土輪、於一切智多所摧伏力無能勝入此道輪、曉了於空無相願輪、無所行輪、亦無所生無有起輪、悉無所有如真諦輪、所可成就無所成輪、有可降伏無所度輪、深奧微妙解於十二緣起之輪、破壞衆魔却外敵輪，消除迷惑、危害、怨賊，撾不可逮無極法鼓，亦復吹於無言法蠡，則亦堅立法慧之幢，而智聖慧解脫大明，而炳然熾無極錠燎；尋則雨於無量甘露，法渧之水可悅衆生，及賢聖智無上大道，以正七覺而飽滿之；滅盡一切衆生之類生老病死、愁憂啼哭、惱不可意、結網之礙，窈冥唵藹樹之根栽。故曰然於智慧之明無極大燈，則隨衆生本所為業，罪福果報各為現說。

「是諸世尊在於無數不可計會十方世界，而作佛事善示法律，不斷言教諦分別慧；亦復授於諸菩薩莂，堅住聖衆開化衆生，求於玄妙寂然無為，啟受經典而無厭足。諸佛大聖欲滅度者，我悉勸助令不滅度，專志一心所行安隱，順住法界而常永存，無央數姟不可稱計阿僧祇劫教化衆生，住六波羅蜜所度無餘，一人不度終不捨去，普令入於諸總持門，皆見一切諸佛三昧因行之始；若種正義立於大定勸志大乘，遣至一切諸佛世界而為顯示。諸佛世尊從無所生輒逮成道，現有所生實無所生，其無所滅亦復如是，乃有所滅自然寂靜悉無所著。是為，族姓子！菩薩大士勸助佛慧而無罪釁。」

文殊師利言：「已能如是悔所犯過，當發無上正真道意。常以慈心向於眾生，不懷怨結，已無怨*結請召三界，勸助一切眾德之本。稽首諸佛歸命悔過，勸助轉法輪，示現無量所建立德，則當興發薩芸若智諸通敏慧，十方世界無所係屬。琦珍、異寶、花鬘、雜香、擣香、澤香、燈火、衣服、幢蓋、繒綵、伎樂不鼓自鳴，宮殿、浴池、河海、泉原、日月光明，無君主者亦無敢名，吾目自見，而心取此，持以貢上諸世光耀佛天中天，以此眾養奇寶異珍奉事諸佛；三界所有，天上、世間七寶樹木，自然瑰琦、華香、天樂、床臥，復上諸佛。供養已訖，曉了諸佛解一同等，諸佛無二無有形容，三十二相、八十種好而現相好，善權方便示無量色，有所演說音聲遠聞，化無數身不可計像，於諸世界而無所處，不住法界。以懷誠信因緣解脫，所可供養、奉侍之德以貢諸佛。

「是諸世尊於諸法界而不動搖，不得諸度無極處所，入無罣礙，所至無際；

察於衆生五陰之體，猶如曠野而無有主，悉無所有，不曉了此唐為憂患。化衆生類志薩芸若諸通之慧，普入衆行，取如來身，所入行者悉捨有無，顯現衆生人之境界使無憍慢，轉佛法輪無有放逸，皆棄調戲，抑制衆魔，人民志性不可限量，斷除諸根為現無量。一切衆生處諸羅網，而以道力廣示其義，平等之事無陰蓋本，亦不動搖，悉皆興發宣示普門，具足逮成薩芸若慧。淨修諸佛功勳之德，莊嚴其身供養舍利，以此燈、香、衆華、雜馨、諸所供具、衆養之德，以貢諸佛世之光曜。如諸菩薩過去佛時，若干供養心無所著以貢諸佛，吾亦如之建立勸助，唯諸大聖垂以大慈，見愍納受！」

文殊師利曰：「復次，族姓子！菩薩大士所住若茲，當說此言：『吾所悔過則虛不實，所可勸助亦無所生，所可請問亦無所有；計此所悔虛無實也，設我所勸無所生者，所可請問無所有已。道亦如是虛無所有，其無所生、無所有者，等定亦如則無所生，無有度者無著無念，已無所著則能信脫，無著勸助，所首悔過，功德之品計於道心。一切衆生於無罪福而得自在。本所勸助，皆以德本，供養一切諸如來衆，稽首歸命貢上燈、香、花蓋、瓔珞若干種物。所供養者取此功德，皆為一味清淨之行；所清淨者本性清淨，鮮潔顯曜等一切智，以為大施無極之業，仁和無穢，等行於道。所願合集，當令歸趣如來之道，則用勸助，無上正真為最正覺。

「『一切諸法無所勸助，假使以眼不勸助色，了色自然不以眼著，因緣報應計如其識，所從起者不出於眼亦無有色，適起壞滅消散盡索亦無住處。耳聲、鼻香、舌味、身*受、心法，所勸亦然。意無有法，諸所功德亦復如是。勸助於道，道無德本，有從德本而興因緣，因其所行而起心矣。所發道心亦無所住，適起尋壞消散滅盡。彼以其心而造德本，所可用心勸助行者，發心展轉而不相見。猶如燈火，若晝日光，無所從來無所從去，適起生焰，因緣合成忽不知處，菩薩道心亦復如是，智慧之明興顯德本亦無所住，其如是像，以法生者，是為名曰菩薩勸助，入於寂然受決得忍，逮致聖光智慧之曜。

「『假使菩薩遊於是法，心不樂行衆穢之元，諸佛世尊以為證明，乃當勸助志於德本。猶如諸佛智度無極，善權方便所因聖慧，令衆菩薩行於正德，所說勸助吾亦如之而不動搖。精進若此，其道普至靡所不周，承志性力所入無量，亦皆棄除所應、不應衆想之念。設已得入衆性行者，思念一切如來、至真悉在目前。思惟虛空，一切所有等如虛無，已能可意，入於無量。思法界行一切具足，神通之慧昇自在堂，乃得申敘而顯其心，普悉棄捐世之垢穢，裂壞羅網入於自誠。皆見十方佛天中天、諸菩薩衆，無有遺脫而不覩者。念於去、來、現在諸佛悉為一等，則以德本勸助聖慧。

「『吾今勸助如無二界一切普至，今此德本亦復如是。悉令周遍於諸羣生而得申敘，皆使得入一切諸乘、諸菩薩門所生之地，悉逮具足靡不覩念。令其眼根皆見衆生，究竟備悉無量佛事；盡入耳根所可聽聞，一切天人蜎飛、蠕動、音響、言聲。分別文字所暢決慧，處處別異教誨具足；衆生所作諸業，罪福所歸，從其所行而見果實。

「『觀察三世去、來、今事，曉了衆生，善分別行，解知所言，而皆識練一切德本，無本無住亦無所行，乃為具足諸度無極，普見眾生而等導御。常以依倚無我本際，一切世人悉欲樂往與共相見，在於世間無所罣礙，亦無坑塹，得第一度。思惟逮入，斷一切法，皆得通入，於諸法界亦無所壞，其所遊居微妙真際。其有眾生在諸苦惱，令入佛土；觀諸剎土，悉是人界。逮得明眼，普見十方，悉承一切諸佛聖德；索察羣黎心性所趣，開導制御罪蓋所為。如所教持，悉為示現成就自在，所奉道業順無從生，不乏四等、四恩、六度以濟窮厄，令至弘廣殊特之慧。眾生志性各異不同，而使具足所欲志願，令無顛倒，得可其心使懷悅豫，勢力奇特而無有侶。心已得閑逮成正覺，目見眾生性行所趣，各教化之示現究竟，使菩薩行永存不斷，令諸眾生一切備悉六度無極，住於正道使無有餘。過去、當來、今現在諸佛世尊，皆誨眾生與得是處，無上大道供養奉事，志性和雅具足往詣，使得通入無所行法經道之輪。一切剎土眾生徑路，有身形者皆開化之，清徹悅豫令不墮落，目見諸佛奉養歸命。

「『以是德本覩一切色如見佛形，而皆等觀十方剎土，則能嚴淨諸佛國土；

等察一切諸天、人民、蚑行、喘息、人物之類，詇諂虛偽猶如幻化，普悉了斯解無所有，等視三世，一發心頃靡所不入。一切諸法雖各別異，等無若干入於道力，令一切法至一平等，治無相好等解善權。察衆生心從其志性，委靡而隨，應病與藥，等授無上正真道慧。超度世俗諸所為作，清淨鮮潔歸于平等，洗除衆生塵勞、結恨、穢濁志操，使徹清明歸此平等，便得歸於一切諸佛，悉一法身逮成莊嚴。志習於此柔順之法，遵修其行，精進勢力慇懃不懈，欲有所度。

「『以此德本，使十方人一發意頃普達衆生，解告人民諸菩薩行，皆令合集言語辭意。以一發言，出無數教，示現衆生善權方便；一心念頃，各令見聞平等道門，變化感動靡不蒙濟；轉於法輪，舌能覆面上至梵天，音聞遐方。如來身者，顯現道門歡悅衆生，以一普安演於無量若干光明。佛道巍巍，無有斷絕，一時顯揚，口宣十方；五趣之處，示佛變化，悉令遊居，具足德行；為諸衆生，而訓誨現。

「『於斯德本，修於無量總持之門，入於光明巍巍之慧，令一切具靡不成就。人民所行，眾德本者，志性各異，使入總持光明之慧。其有諸天一切人民愁憂苦惱，為除眾患，悉入總持光明之曜；一切諸論文字本際，入於總持光明之曜；一切諸行、諸想所應，悉入總持光明之曜；使致普門諸根轉輪，使入總持光明之門；一切莊嚴清淨眾飾，使入總持光明之門；一切徑路，眾好威神以悅眾人，悉入總持光明之門。無所罣礙總持諸法歸趣若干，無數威曜悉使具足，皆令一切諸佛之法，悉逮得入總持光明。

「『以是德本，由此因緣，悉為諸佛所見攝護，視於諸佛如見父母，則以攝取佛之國土修治嚴淨。為諸善友所見攝取，恭敬奉事諸佛世尊，以若干種愛樂欣悅，心無變異而不可動。攝取眾生成就教誨，愛護一切諸惡趣，則以聖威斷。煩惱根；攝取諸世顯發行執，懷善教一切典，所開化者無導御；攝取諸法，欲以執持諷誦之故。

「『用斯德本，因此緣報，住於一事普見眾事，住於眾事悉見一事，則以一事入一切事，以一切事入於一事；則以一義告誨，開化一切諸義，以一切義興發一義；以無因緣入於諸緣，化于諸緣令入無緣。以無事法入于衆生性行各異，從其相行而教誨之。以無有想入於諸想，諸未進者悉令入道；入諸有想，而誘進之使入無想。

「『以是德本，因此事故，由斯瑞應，住於一人含氣之類心性之行，普見一切衆生意歸，住於一切衆生志性，則覩一人心意所趣，究竟具足廣大其意，所誨無限。以一人心勸化宣示一切衆生意志所念，以一切心興發一心，則以諸佛威神感動，教化如應，開解一切衆生之行。誘一人心勸入一切衆生意行，以一切心勸入一心，化衆生界，勸進暢示佛身光明。心存住於無人之際，於無人際則不動搖；所建立處不捨衆生，逮度無極而不懈惓。

「『以是德本，修此事故，住一佛土普見一切諸佛國界，住一切土覩於一土，於一切土入無盡土，於無量土入於一土。無盡本際莊嚴校飾，還淨國土；訓誨所入，斷婬、怒、癡，靡所不散。住於一土教化諸土，在於諸土誘進一土，一切衆生所念思想，勸至方面發起人民，令一剎土入一切土，以一國土入於一切，無量佛土等見三界。衆生所興不可動故，以無極哀開化人民，而無處所亦無所住，若懷狐疑悉濟猶豫，度衆生類。

「『以是德本，以過去事入於過去，又以過去入於當來，又以過去入於現在；其當來事入於當來，又當來事入於過去，當來事者入於現在；又現在事入於現在，又現在事入於過去。一切過去、當來、現在入平等相，令其現在入於現在，其現在者入於過去，其去、來、今普入平等。

「『以是德本，因緣之報，逮得諸佛現在目前三昧要慧，致成佛德聖衆如來三昧正定，逮致光明華如來所化莊嚴三昧、皆莊嚴淨所現三昧、示一切色所現身三昧、皆入諸音言辭三昧，又首楞嚴現若干種般泥洹事獲致不斷佛教三昧，而當成就專一嚴淨三昧、究竟善住三昧、定意金剛道場三昧、如金剛三昧、慧眼三昧。以是之比，見於一切衆生之心，所行若干志操不同；過去、當來、今現在事無所不達，乃為如來三昧道場各各別異，令致于彼神通之慧所願具足。

「『以是德本，吾及衆生，悉使成就，進退自由，究竟清淨，被蒙開化。以是德本，一切眾生目之根原，使如佛眼；一切世間眾生所在諸可聞者，逮興佛耳其聽無極；使眾生鼻得如佛鼻，通徹無際悉無所著；令諸眾生舌根德殊，逮得世尊廣長之舌，其所教誨如佛之言。處在一切世間之法，所作身事，所可興發，皆成佛身。處在一切法界之中，亦無所處化於眾生，一切所行作佛慧業，從其人民志性所願，應病與藥而開化之。一切諸香，則能變為佛之德馨，熏為道事；一切諸味，則能化成成習義味；一切細滑，柔和內性入人義業；一切諸法，皆以訓導使成*道法，開化眾生。是為一切諸所入者，吾當令成諸佛所入通達大慧；人民陰蓋諸所情衰，吾當興法消化諸衰為作佛事，當使諸界悉為佛界，所有諸根令無有根，使乏根者為立道根。

「『以是德本，因此緣故，得至建立無所住慧。聖道所處所可建立，普令人民皆悉曉之，化一切色悉成佛形。由是之故，各各使人曉了其慧，變諸音響悉成佛聲，皆為人民宣布道教。如是之比，使諸眾生消除盡索塵勞欲門，乃為菩薩入諸菩薩療治其行道法之門，是為清淨一切人民志性事矣，可悅眾生智慧之宅，入無勝地勢力之土。菩薩道行下於應時而不違失，身行、口言、意所修業無所罣礙，不有危害無所藏匿，頒宣諸佛之言教也，行不虛妄逮得神通所知具足。以是德本，當令我身及諸衆生，悉得成就至於清淨，為人講說。』是為菩薩大士所行，勸助佛慧真諦無失。」

文殊師利說是五體悔過品時，五百菩薩皆悉逮得無所從生法忍，皆以除棄狐疑、猶豫、虛偽、閉結、倒見之惑，如來齊光照曜菩薩逮得一切諸佛無所破壞三昧之定。

於是世尊則以道耳，遙聞文殊師利之所講說，尋以讚曰：「善哉！善哉！仁快說此，除諸菩薩罣礙罪蓋，勸助入道。若有菩薩儻聞說此勸助教者，即能奉持、諷誦、講說，如是不久皆當滅盡一切罪蓋，令無罣礙；如燈及燭入於冥室衆闇消索，猶如日出照于天下靡不蒙明，如盲得目、聾者得聽、瘂者能言、跛者能行、蹇者得通，五陰自消六衰則滅，昇於法堂入于道室，超慧臺閣處大聖殿。」

「何謂法堂？」

佛言：「神通已暢，無所罣礙，逮三達智。」

「何謂道室？」

佛言：「得三昧定見十方佛，如人照鏡，無有遠近，周遍悉見。」

「何謂慧臺？」

佛言：「智度無極，解一切空，心無所著，大慈大哀。」

「何謂大殿？」

佛言：「善權方便進退知時，不在有為不處無為，與法身合，無合無散。現形三界化為佛身，相好威容頒宣道教，或為菩薩、聲聞、緣覺、高士、大聖、凡夫、愚行，因時開化度脫十方，莫不得濟至于大道。」

佛說如是。如來齊光照曜菩薩，賢者阿難、諸天、龍、神、阿須倫、世間人民，莫不歡喜，作禮而退。

佛說文殊悔過經

大乘伽耶山頂經

大乘伽耶山頂經

大唐天竺三藏菩提流志譯

如是我聞：一時，婆伽婆住伽耶城山頂精舍，與大比丘衆一千人俱。其先悉是長髮梵志，皆阿羅漢，諸漏已盡所作已辦，捨諸重擔逮得己利，盡諸有結正知解脫，心得自在到於彼岸。復與無量諸菩薩摩訶薩衆俱。

爾時，世尊得成正覺，其日未久，寂然宴坐，入于三昧，觀察法界。作是念言：「我已證菩提，已得聖智慧，已辦所應作，已捨諸重擔，已出生死曠野，已捨離無明獲於智明，已拔毒箭，已盡渴愛，已證法界，已擊法鼓，已吹法螺，已建法幢，已捨離生死眼說於法眼，已閉惡道、開衆善道，已捨非田示諸福田。我今審觀如是之法，誰能現證、已證、當證？為身證耶？為心證乎？若身證者，身是頑鈍，無覺無思，猶如草木牆壁瓦石，從於四大父母所生，無常敗壞散滅之法，必假塗洗衣食等緣，而得存立。若心證者，心如幻化，無相無形，無所依處，無所容受。又菩薩者，隨於世間而立名字，無音響，無形色，無成實，無相狀，無來無去，不出不入，過於三界，無有處所，不可見聞，不可憶念，離攀緣處，非戲論境，無所入，無文字，不可動搖，不可安立，絕於一切語言之道，而言現證、已證、當證，但惟名字虛妄分別，無生無起，無有體性，不可取、不可說、不可愛著，是中實無已成正覺、現成正覺、及當成者。若能如是無證無成，乃得名為成正覺耳。何以故？菩提者，離於一切變動相故。」

爾時，文殊師利菩薩摩訶薩，知佛所念而作是言：「世尊！若菩提如是相者，諸善男子、善女人發菩提心，應云何住？」

佛言：「文殊師利！如菩提相，應如是住。」

文殊師利菩薩言：「世尊！何者是菩提相？」

佛言：「文殊師利！菩提相者，獨超三界，雖隨世俗而有名字，遠離一切音聲言說。諸菩薩眾發趣菩提，從初發心則無所趣。是故，文殊師利！諸善男子、善女人應以遠離發趣之心，而住菩提。文殊師利！若諸菩薩能發趣於無所趣者，是則趣向菩提之道。文殊師利！趣於無自性，是趣向菩提；趣於無處所，是趣向菩提；趣於法界性，是趣向菩提；趣於一切法中無所執著，是趣向菩提；趣於實際無差別，是趣向菩提；趣於如鏡中像，如光中影，如水中月，如熱時焰，是趣向菩提。」

爾時，眾中有天子名淨月威光，白文殊師利菩薩言：「大士！諸菩薩摩訶薩修習何行？依何處修？」

文殊師利菩薩言：「天子！諸菩薩摩訶薩修大悲行，依於一切眾生處修。」

淨月天子又問言：「菩薩大悲，依何心起？」

文殊師利菩薩言：「菩薩大悲，依無諂誑心起。」

又問言：「無諂誑心，依何而起？」

答言：「無諂誑心，依於一切眾生平等心起。」

又問：「於一切衆生平等心，依何而起？」
答言：「依於入非一非異法性心起。」
又問：「入非一非異法性心，依何而起？」
答言：「依深信心起。」
又問：「深信心依何而起？」
答言：「依菩提心起。」
又問：「菩提心依何而起？」
答言：「依六波羅蜜起。」
又問：「六波羅蜜依何而起？」
答言：「依方便慧起。」
又問：「方便慧依何而起？」
答言：「依不放逸起。」
又問：「不放逸依何而起？」

答言：「依三種淨行起。」
又問：「三種淨行依何而起？」
答言：「依十善業道起。」
又問：「十善業道依何而起？」
答言：「依持淨戒起。」
又問：「持淨戒依何而起？」
答言：「依如理思惟起。」
又問：「如理思惟依何而起？」
答言：「依觀察心起。」
又問：「觀察心依何而起？」
答言：「從憶持不忘起。」
爾時，淨月威光天子，復問文殊師利菩薩言：「大士！諸菩薩發菩提心，凡有幾種，於因於果而得成就？」

文殊師利菩薩言：「天子！諸菩薩發菩提心，凡有四種，於因於果而得成就。何等為四？一者、初發心，二者、解行住發心，三者、不退轉發心，四者、一生補處發心。應知初發心，為解行住因；解行住發心，為不退轉因；不退轉發心，為一生補處因；一生補處發心，為一切智因。

「復次，天子！應知初發心，如田中下種；解行住發心，如牙漸增長；不退轉發心，如枝葉花果，次第出生；一生補處發心，如果實成熟。

「復次，天子！第一發心，如造車人，先集於材；第二發心，如得材已，各別治淨；第三發心，如彼匠人，造車成就；第四發心，如以其車，引重致遠。

「復次，天子！第一發心，猶如初月；第二發心，如五日夜，至七夜月；第三發心，如十日夜月；第四發心，如十四日夜月。應知如來所有智慧，譬如明月至十五夜，一切光色，悉皆圓滿。

「復次，天子！第一發心，超聲聞地；第二發心，超辟支佛地；第三發心，超不定地；第四發心，住決定地。

「復次，天子！第一發心，譬如有人，初學字母；第二發心，如彼學人，漸解分析；第三發心，如學已久，善*知算數；第四發心，如學成熟，了達諸論。

「復次，天子！第一發心，菩薩住因；第二發心，菩薩住智；第三發心，菩薩住斷；第四發心、菩薩住果。

「復次，天子！第一發心，因所攝；第二發心，智所攝；第三發心，斷所攝；第四發心，果所攝。

「復次，天子！第一發心，從因而起；第二發心，從智而起；第三發心，從斷而起；第四發心，從果而起。

「復次，天子！第一發心，因差別分；第二發心，智差別分；第三發心，斷差別分；第四發心，果差別分。

「復次，天子！第一發心，如採集衆藥；第二發心，如分辯藥性；第三發心，如隨病合藥；第四發心，如服藥除愈。

「復次，天子！第一發心，生法王家；第二發心，學法王法；第三發心，學得解了；第四發心，學得自在。」

爾時，會中有天子名決定光明，白文殊師利菩薩言：「大士！何者是菩薩摩訶薩速疾道，諸菩薩摩訶薩行此道，疾得阿耨多羅三藐三菩提？」

文殊師利菩薩言：「天子！菩薩摩訶薩速疾道有二種，諸菩薩摩訶薩行此道，疾得阿耨多羅三藐三菩提。云何為二？一者、方便道，二者、般若道。方便道者，攝諸善法；般若道者，了知簡擇。方便道者，不捨眾生；般若道者，能捨諸法。方便道者，知法和合；般若道者，知不和合。方便道者，能為因緣；般若道者，能至寂滅。方便道者，能知諸法差別之相；般若道者，能知法界無差別理。方便道者，能具莊嚴諸佛國土；般若道者，能知諸佛國土平等。方便道者，能知眾生根行不同；般若道者，能知根行空無所有。方便道者，令諸菩薩詣於道場；般若道者，能令菩薩逮無所覺。天子！菩薩摩訶薩復有二種速疾道，云何為二？一者、資糧道，二者、決擇道。資糧道者，謂施等五波羅蜜；決擇道者，謂般若波羅蜜。有著道、無著道，有漏道、無漏道，皆如是說。復有二種速疾道，云何為二？一者、有量道，二者、無量道。有量道者，謂有相位；無量道者，是無相位。復有二種速疾道，所謂智道，及以斷道。智道者，謂從初地至第七地；斷道者，從於八地至第十地。」

爾時，會中有菩薩名勇修智信，白文殊師利菩薩言：「大士！云何為菩薩摩訶薩所知義？云何為菩薩摩訶薩所修智？」

文殊師利菩薩言：「善男子！義非和合，智是和合。」

勇修智信菩薩言：「大士！以何因故，義非和合，智是和合？」

文殊師利菩薩言：「善男子！義是無為，無為則非義，非義中無有法若和合，若不和合。義是無變異，無成實，不可取，不可捨，皆如是說。善男子！智名為道，道與心和合，非不和合。復次，善男子！智惟是和合，非不和合。」

勇修智信菩薩言：「大士！何因緣故，智惟是和合，非不和合？」

文殊師利菩薩言：「善男子！智善能觀察蘊、處、界，善觀察緣起法，善觀察處非處，以是故，惟和合，非不和合。

「復次，善男子！菩薩摩訶薩有十種智，何等為十？一者、因智，二者、果智，三者、義智，四者、方便智，五者、般若智，六者、攝智，七者、波羅蜜智，八者、大悲智，九者、教化眾生智，十者、於一切法無所著智。善男子！如是名為菩薩摩訶薩十種智。

「復次，善男子！菩薩摩訶薩有十種發起，何等為十？一者、身發起，為一切眾生淨治身業故；二者、口發起，為一切眾生淨治口業故；三者、心發起，為一切眾生淨治意業故；四者、內發起，於一切眾生，無所取著故；五者、外發起，於一切眾生，行平等行故；六者、智發起，修習一切佛智故；七者、國土發起，示現一切佛剎功德莊嚴故；八者、教化眾生發起，知諸煩惱病藥故；九者、真實發起，能成就決定聚故；十者，無為智滿足發起，於一切三界，心無所著故。善男子！如是名為菩薩摩訶薩十種發起。

「復次，善男子！菩薩摩訶薩有十種行，何等為十？一者、波羅蜜行，二者、攝物行，三者、般若行，四者、方便行，五者、大悲行，六者、求慧資糧行，七者、求智資糧行，八者、清淨信心行，九者、入諸諦行，十者、不分別愛憎境行。善男子！如是名為菩薩摩訶薩十種行。

「復次，善男子！菩薩摩訶薩有十種無盡觀，何等為十？一者、身無盡觀，二者、事無盡觀，三者、法無盡觀，四者、愛無盡觀，五者、見無盡觀，六者、資糧無盡觀，七者、取無盡觀，八者、無所執著無盡觀，九者、相應無盡觀，十者，道場識自性無盡觀。善男子！如是名菩薩摩訶薩十種無盡觀。

「復次，善男子！菩薩摩訶薩有十種調伏行，何等為十？一者、調伏慳嫉行，捨施如雨故；二者、調伏破戒行，三業清淨故；三者、調伏瞋恚行，修習慈心故；四者、調伏懈怠行，求法無倦故；五者、調伏不善行，得禪解脫神通故；六者、調伏無明行，生決定善巧慧資糧故；七者、調伏諸煩惱行，圓滿一切智資糧故；八者、調伏顛倒行，出生真實不顛倒資糧道故；九者、調伏不自在行，於時非時自在故；十者、調伏著我行，觀察諸法無我故。善男子！如是名為菩薩摩訶薩十種調伏行。

「復次，善男子！菩薩摩訶薩有十種寂靜地，何等為十？一者、身寂靜地，遠離三種身不善業故；二者、口寂靜地，淨治四種口業故；三者、心寂靜地，永捨三種意惡行故；四者、內寂靜地，不執著自身故；五者、外寂靜地，不執著一切諸法故；六者、智資糧寂靜地，不執著所行道故；七者、不自高寂靜地，觀察聖智自性故；八者、究竟邊際神通寂靜地，出生般若波羅蜜故；九者，滅戲論寂靜地，不欺誑一切眾生故；十者，不顧戀身心寂靜地，大悲教化眾生故。善男子！如是名為菩薩摩訶薩十種寂靜地。

「復次，善男子！諸菩薩摩訶薩如實行者，能得菩提；不如實行，則不能得。如實行者，如其所說，則如是行；不如實行者，但有言說，不能信受，不能修習。

「復次，善男子！菩薩摩訶薩有二種如實行，何等為二？一者、道如實行，二者、斷如實行。善男子！菩薩摩訶薩復有二種如實行，何等為二？一者、自調伏如實行，二者、教化眾生如實行。善男子！菩薩摩訶薩復有二種如實行，何等為二？一者、有功用智如實行，二者、無功用智如實行。善男子！菩薩摩訶薩復有二種如實行，何等為二？一者、善建立諸地如實行，二者、善觀察諸地無差別如實行。善男子！菩薩摩訶薩復有二種如實行，何等為二？一者、善遠離諸地過失如實行，二者、善圓滿諸地功德如實行。善男子！菩薩摩訶薩復有二種如實行，何等為二？一者，善說聲聞、辟支佛地如實行，二者、善說諸佛菩提不退轉法如實行。善男子！菩薩摩訶薩有如是等無量無邊如實行法，若能如是如實行者，當知是人，不久得阿耨多羅三藐三菩提！諸菩薩摩訶薩應勤修學。」

爾時，世尊，讚文殊師利菩薩言：「善哉！善哉！文殊師利！快說此語。」

佛說此經已，文殊師利菩薩摩訶薩、勇修智信菩薩摩訶薩、淨月威光天子、決定光明天子，及餘衆會一切世間天、人、阿修羅等，皆大歡喜，信受奉行。

大乘伽耶山頂經

南無護法韋馱尊天菩薩

BuddhAll

BuddhAll.

All is Buddha.

BuddhAll